N:r 2. SKRIFTER 1890.

UTGIFNA AF

LORÉNSKA STIFTELSEN.

(PUBLICATIONS DE LA FONDATION LORÉN).

# TABLEAU

## DES ORIGINES ET DE L'ÉVOLUTION

# DE LA FAMILLE

ET

# DE LA PROPRIÉTÉ

PAR

MAXIME KOVALEVSKY

STOCKHOLM

SAMSON & WALLIN.

N:r 2. SKRIFTER 1890.

UTGIFNA AF

LORÉNSKA STIFTELSEN.

PUBLICATIONS DE L'INSTITUTION LORÉN.

# TABLEAU



## DES ORIGINES ET DE L'ÉVOLUTION

# DE LA FAMILLE

ET

# DE LA PROPRIÉTÉ

PAR

MAXIME KOVALEVSKY

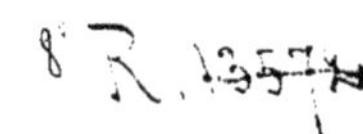

STOCKHOLM
SAMSON & WALLIN.

STOCKHOLM, IMPRIMERIE CENTRALE, 1890.

A

MADAME

SOPHIE KOVALEVSKY

# PRÉFACE

On a tant écrit dans ces dernières années sur les origines de la famille et de la propriété que tout ouvrage nouveau sur la matière n'a de raison d'être que s'il apporte quelque nouvelle lumière sur ces questions si débattues. Cette lumière peut jaillir tantôt de données ethnographiques, historiques ou juridiques non encore étudiées, tantôt d'une critique plus serrée des théories en vogue. C'est ce dernier but que l'auteur a eu principalement en vue. Il s'agissait pour lui non pas tant de l'analyse des faits que de la synthèse des résultats déjà acquis à la science ethnographique. Les études spéciales qu'il a faites du monde slave et des tribus autochtones du Caucase lui ont permis tout de même d'asseoir sur quelques données nouvelles des hypothèses déjà émises par ses prédécesseurs. La question qu'il s'est surtout agi d'éclaircir était celle de l'existence du matriarcat chez les peuples d'origine aryenne. C'est ici que la connaissance du monde slave et des tribus aryennes du Caucase a été d'une grande utilité.

Repoussant l'hypothèse d'une promiscuité illimitée à l'époque la plus reculée de l'histoire, l'auteur s'est efforcé d'établir que les familles matriarcale, patriarcale et individuelle n'étaient que les trois phases distinctes d'un même développement. Cette évolution s'est accomplie ou tend à s'accomplir chez des peuples qui n'ont de commun ni la race, ni la religion. On aurait tort par conséquent d'en éliminer celle qui nous est propre. Le matriarcat a existé parmi les tribus aryennes: il a laissé des survivances dans leurs anciennes lois, dans leurs coutumes et usages encore en vogue. L'autorité maritale et paternelle n'a évolué que lentement au sein d'une société matriarcale. Son avènement amena l'établissement de la famille patriarcale, qui, comme l'atteste le monde slave, ne cède que lentement sa place à la famille individuelle.

Forcé de condenser ses études dans un petit nombre de leçons, l'auteur n'a pu donner au tableau du communisme agraire qui caractérise la période la plus ancienne de la propriété foncière tout l'achevé qu'il requiert. De plus amples développements ont été donnés au même sujet dans le livre que l'auteur a publié il y a dix ans en russe et qui a pour titre: La commune villageoise et les causes de sa dissolution. Ce livre a été lui-même complété par une série d'articles publiés dans le Journal juridique à Moscou. C'est dans ces articles que la théorie de M. Fustel de Coulanges sur la priorité de la propriété individuelle a été discutée tout au long, à l'aide de documents recueillis par les cartulaires allemands. C'est à ces articles qu'il faudrait par conséquent recourir pour se rendre compte de tous les faits sur lesquels l'auteur du présent Tableau établit sa théorie d'une évolution spontanée du communisme agraire au sein d'une société patriarcale et de l'éclosion non moins naturelle de la propriété privée, au fur et à mesure de la dissolution de la communauté tant familiale que villageoise.

**Maxime Kovalevsky.**

Beaulieu sur Mer, Villa Batava, le 1er Mai 1890.

## TABLE DES MATIÈRES.

# ERRATA.

| *Au lieu de* | *lire* | *page* | *ligne* |
|---|---|---|---|
| principe | genre | 28 | 8 |
| analystes | annalistes | 35 | 17 |
| Pschevs | Pschavs | 43 | 12 |
| Ils lui | Ils | 45 | 10 |
| enlevé | enlevée | 46 | 30 |
| de | des | 52 | 14 |
| sauvée | sauve | 57 | 20 |
| Ibn-Torlan | Ibn Forlan | 58 | 8 |
| Filmes | Filmer | 61 | 11 |
| Allemands | Allamans | 62 | 27 |
| Pfunds | Pfrund | 63 | 1 |
| communis | communio | 63 | 19 |
| rénumération | rémunération | 64 | 7 |
| le son | son | 83 | 6 |
| Trostating | Frostating | 96 | 34 |

# PREMIÈRE LEÇON.

L'invitation du comité organisateur de ces conférences m'a trouvé fort hésitant à répondre d'une manière affirmative. La Suède, telle que nous apprenons à la connaître en Russie, est un pays où il importe plutôt de s'instruire que d'enseigner. Un autre motif me défendait aussi une décision trop prompte: il s'agissait pour moi d'un cours fait en langue étrangère. Or il demeure avéré qu'on ne parle bien que le langage de son pays.

Cependant je me déterminai à entreprendre ce cours; et ce fut dans la certitude de pouvoir, malgré de si importantes difficultés, initier votre patience à certaines études, fruit de mes prèocupations constantes, et qui, je le crois, vous sont restées etrangères jusqu'à ce jour.

Sans doute permettrez-vous à mon patriotisme de Russe d'affirmer que pour l'histoire du droit l'ethnographie du monde slave et des pays qui en dépendent offre un intéret capital.

Mais partout en Europe, cette science tâtonne encore dans les incertitudes d'un début pénible. Des chaires ont bien été établies dans quelques centres universitaires, notamment à Berlin, à Vienne, à Paris et à Upsal. Occupées par des philologues de premier ordre tels que M. Jagich, M. Léger, M. Lundell, elles répandent déjà une éclatante lumière sur la construction philologique et l'histoire des langues slaves. Toutefois les études spéciales soutenues par ces protagonistes diffèrent entièrement de l'histoire et du droit slaves; et ces deux branches du savoir humain ne sortent pas de l'oubli. Rien de plus facheux pourtant, rien qui retarde davantage les succès prochains de la science sociale. Le temps est venu vraiment de mettre fin à un pareil état de choses, de reprendre à leur obscurité les vastes travaux accomplis aussi bien en Russie qu'en Pologne et en Serbie, et de livrer aux désirs des érudits les renseignements précieux contenus dans les anciennes législations et dans la coutume moderne des peuples qui habitent l'immense empire des Czars.

Voilà, Messieurs, le but que je me propose d'atteindre, et la raison qui me permet de vous parler ici avec quelqu' autorité.

Je tiens à vous faire connaître les résultats acquis à la science sociale par l'activité de l'érudition slave; et je ne crains pas de rencontrer des contradicteurs si j'avance que toute généralisation sociologique demeurera incomplète aussi longtemps que l'Orient n'aura pas livré le secret de ses origines. Car, pour devenir une science parfaitement évidente, la sociologie n'aura point à se rassasier jamais d'observations ni d'expériences. Son fondateur, Auguste Comte, a eu, d'après moi, le grand tort de ne pas manifester la même conviction. Il a bâti un édifice superbe sur des données incapables d'offrir le caractère de généralité qu'il leur suppose, car le monde catholique romain est le seul qui soit admis aux honeurs de l'expérience positiviste. Toute nouvelle tentative pour établir une thèse sociologique ne pourra donc valoir que sous la condition d'introduire dans le champ de nos recherches la vie orientale, particulièrement celle du monde slave.

Mais, avant que d'atteindre les œuvres d'ensemble, il faudra s'attacher d'abord à approfondir certaines sources de la sociabilité, comme celle dont le développement historique formera le sujet de notre cours.

Les matières que nous allons aborder tiennent étroitement aux progrès survenus dans le domaine des sciences naturelles, et spécialement à la découverte de la grande loi de l'évolution, dont Charles Darwin enrichit la science biologique. Appliquée déjà avec succès à l'observation des phénomènes sociaux, cette découverte tend de jour en jour à imposer son influence, ou, pour mieux dire, à diriger entièrement la philosophie de l'histoire, la science des religions, la jurisprudence et la morale. Loin de se limiter aux spéculations théoriques, l'idée d'évolution accapare de plus en plus les actes de la vie pratique.

Tel que nous l'entendons de nos jours, le progrès se peut définir: le développement ininterrompu et spontané des germes féconds semés depuis des siècles par nos aïeux. L'idée de faire table rase de quoi que ce soit et de créer, d'une piéce, le nouvel état, la nouvelle religion ou la nouvelle morale, nous est complêtement étrangère. Mais si la thèse moderne de l'évolution répudie les apparences du cataclysme, elle s'oppose également à toute technique stationnaire. Le présent ne lui semble qu'une condition de l'avenir qui doit, de beaucoup, prévaloir, et sous tous les rapports. Faciliter cette transition à un état meilleur, voilà le hautain problême que la philosophie évolutionniste pose à la vie pratique. Etudier le passé et le présent afin d'y prévoir l'avenir, telle est sa plus belle ambition dans le domaine de la théorie.

Seul ce dernier point doit intéresser ici. Et c'est donc, suivant un ordre d'idées purement scientifiques, que je me propose de traiter un des problèmes les plus ardus de la science sociale: celui de l'évolution de la famille et de la propriété.

La méthode que l'école évolutionniste applique à de pareilles spéculations, est la méthode historique comparative. Toute puissante en ce qui concerne la philologie et la science des religions, elle s'attarde encore aux hèsitations des débuts en ce qui concerne la jurisprudence. Son caractère spécial consiste dans l'étude parallèle de l'évolution sociale des différents peuples anciens et modernes, étude qui doit aboutir à la formule signifiant la marche ascendante de la sociabilité.

Construite sur cette idée que la nature humaine se présente partout avec des qualités similaires, que les besoins et les capacités des races diverses ne se contredisent que dans les points de détail, et que ces dissemblances s'atténuent à mesure que nous remontons aux origines, la méthode historique comparative considère la sociabilité humaine comme un tout unique. Le sujet de ses observations ne vise point les phénomènes produits par cette loi de sociabilité chez tel ou tel peuple, telle ou telle race, mais son évolution générale dans l'humanité entière. Les faits recueillis dans l'histoire d'une nation ne l'affectent qu'autant qu'ils peuvent servir à éclairer la marche de cette évolution totale, c'est-à-dire qu'autant qu'ils se répètent dans la vie des autres nations. Elle recherche donc moins les différences que les analogies. Plus un phénomène humain offre le caractère de généralité et plus il acquiert d'importance pour elle. Plus s'accroit le nombre des milieux sociaux observés et plus l'expérience gagne en certitude. D'où naît cette conclusion : que la comparaison ne doit pas être limitée aux peuples de même race ni à ceux usant de la même langue ou de la même religion. Certes, nous ne prétendons point nier l'influence que ces trois faits exercent sur la sociabilité humaine. Nous sommes prêts à reconnaître qu'ils parviennent à créer un fond commun d'idées, d'institutions et de mœurs; mais ce n'est point là ce qui doit nous préoccuper ici. En dehors de ces influences, la communauté du naturel, surtout prononcée dans l'enfance de l'humanité, est l'origine d'une parfaite similitude pour les première étapes de l'évolution sociale chez les peuples les plus disparates.

Si l'on y inscrit les tribus sauvages et barbares qui habitent le globe, le cercle des recherches peut s'élargir da vantage. Alors l'ethnographie vient seconder l'histoire, et l'étude comparative des races encore vivantes complète l'étude de celles qui ne gardent qu'un faible souvenir de leur état primitif et de celles qui ont déjà disparu.

Une objection est imposée par cette fusion des deux méthodes, historique et ethnographique. Qui peut affirmer que les peuplades sauvages ou barbares en sont encore à leurs premiers degrés de développement? Pourquoi dire que leur état actuel n'est pas le résultat d'une dégénérescence pareille à celles qui affaiblirent plus d'un peuple de l'antiquité ou des temps modernes. Sans aller même jusqu'à reconnaître avec les théologiens l'influence infligée à la destinée des sauvages actuels par le péché primordial dont le Sauveur a voulu nous affranchir, on est contraint d'admettre que tout, dans l'état présent du monde sauvage et barbare, ne dérive pas absolument de l'atavisme. Certaines tribus ne comprennent plus que les débris épars de nations anéanties par les discordes intestines et les guerres de peuplade à peuplade. Une telle vérité reconnue et admise eût sans doute empêché Darwin de manifester son hypothèse sur l'existence primordiale de la famille individuelle. En effet son raisonnement se fonde sur les formes de sociabilité en usage à l'heure présente chez quelques tribus de la Nouvelle-Hollande dont la vie sociale lui semble la plus arriérée.

Le grand naturaliste ne suppose point que ces tribus, encore peu observées de ses jours, comprennent seulement les débris de peuples presque anéantis par la guerre, et que leur mode de vivre se trouve dès lors incapable de rappeler cette phase du développement humain, dénommée état primitif.

De ces remarques nous déduirons que, dans l'étude par nous entreprise, la méthode ethnographique ne devra jouer qu'un rôle essentiellement secondaire.

Comme l'état barbare, l'état sauvage a ses périodes distinctes: leur ordre de succession n'a pu être jusqu'à présent établi. Le plus sûr moyen d'en atteindre la connaissance, repose certainement sur la confrontation des données ethnographiques avec celles que fournit l'histoire des peuples dont la sociabilité a déjà parcouru différentes étapes. Et c'est ici que la méthode historique rend à l'ethnographie le même service qu'elle a le droit d'en attendre. Ainsi les deux méthodes ne font que s'entr'aider, enrichissant l'investigateur non seulement de nouvelles observations, mais encore de nouvelles théories.

Outre ces deux méthodes dont nous avons esquissé, à grands traits, les caractères, il en est une troisième qualifiée par l'anglais Tylor de méthode des survivances (*survivals*). Elle consiste à étudier le présent afin d'y découvrir les traces du passé. La base de ce système repose sur le principe trop connu que le passé ne céde le pas au présent qu'à la condition de lui laisser des vestiges dont l'importance varie, comme le nombre. La plupart de ces vestiges ont perdu leur raison d'être ou l'ont échangée contre des motifs nouveaux. Ainsi la communauté des femmes entre les membres d'un même groupe de parents, qui caractérise, comme nous le verrons plus tard, l'état primitif des relations entre les sexes, nous explique l'origine de la coutume biblique qui consiste à donner au frère, par héritage, la veuve du défunt.

Connue sous le nom de *lévirat*, cette coutume persiste durant des siècles, parcequ' elle se trouve conforme à l'idée plus récente de considérer la femme comme une propriété. En conséquence, on remet la veuve parmi les autres biens du défunt à l'héritier que la mort promeut au rang de chef et de représentant de la communauté familiale.

Les survivances du passé, que garde l'état actuel, peuvent y jouer un double rôle: celui d'institutions plus ou moins vitales ou celui de symboles et de formules souvent fort obscurs.

Ainsi le lévirat est une survivance qui porte encore maintenant le caractère d'une coutume en vigueur, tandis que les diverses cérémonies nuptiales simulant, chez maints peuples, l'acte du rapt, persistent seulement comme des symboles destinés à perpétuer la mémoire de coutumes depuis longtemps éteintes.

La méthode des survivances apporte un grand secours. Les lacunes des documents historiques relatifs aux premières phases de la sociabilité, en font valoir surtout les qualités efficaces. Car, en rapprochant du passé les traits archaïques du présent, on arrive à restaurer les faces nombreuses de la sociabilité humaine à toute époque de son évolution. L'ensemble des expériences y gagne de précieux détails, et nos données acquièrent une allure précise qu'il eût été difficile d'atteindre par d'autres voies.

Je n'insisterai point sur l'urgence de confronter les survivances du présent avec les informations ethnographiques et historiques, pour fixer l'époque de leur première origine. Cela va sans dire; et nous rencontrons là un nouvel exemple de l'appui mutuel que se prêtent les différentes méthodes d'investigation sociale.

## Quelle a été la constitution de la famille à l'époque la plus reculée de la sociabilité humaine?

Quiconque voudrait se faire une opinion sur la théorie admise naguère encore à ce sujet, ne pourrait mieux pourvoir à son désir qu'en consultant un des mille manuels publiés d'habitude au début de chaque semestre par la studieuse Allemagne d'il y a vingt ans. En un volume de quatre ou cinq cents pages, on discutait doctement l'insuffisance de l'explication fournie sur les origines de la société par l'hypothèse du contrat social. Le lecteur était amené à reconnaître qu'un contrat pareil n'avait pu exister, qu'il sortait du possible et ne pouvait être démontré historiquement. Le champ une fois déblayé, on commençait l'élaboration d'un nouveau système qu'on déclarait construit sur des documents indubitables. Le patriarche Abraham, son épouse et toute sa lignée étaient cités en témoignage; puis venait le jurisconsulte romain Gaïus avec son texte sur les droits du père de famille et l'organisation de la tribu italique; puis César et Tacite avec leurs notions confuses sur l'organisation sociale des anciens Germains . . . , et l'on concluait à l'existence initiale de la famille individuelle, berceau de toute sociabilité et souche de la tribu, laquelle à son tour devenait celle de l'Etat.

Sa simplicité même et son complet accord avec les récits bibliques paraient cette hypothèse de quelque probabilité. A entendre répéter par Hegel, Ahrens ou Mohl les choses dites, des centaines et des milliers d'années avant l'ère chrétienne, chez les auteurs de la Genèse et les jurisconsultes romains, on finissait par croire avec de Maistre, que cette conception si simple, si longtemps et si généralement admise faisait partie de la révélation confiée d'abord au peuple élu, puis aux Chrétiens. Si les docteurs et les scribes discutaient davantage les degrés postérieurs de la sociabilité, tout le monde assurait cependant que ses origines tenaient à la famille patriarcale. Néanmoins l'obstination n'allait point jusqu'à nier que maint peuple de l'antiquité et plus d'une tribu moderne n'offrait pas trace de liens stables entre le mari et la femme. Mais on préférait distraire l'objection. Tantôt on qualifiait de fabuleuses les narrations des anciens historiens et géographes. Tantôt on reconnaissait dans la libre relation des sexes, qui caractérise les sauvages modernes, un écart fâcheux hors cette pureté de mœurs habituelle, croyait on, aux civilisations primitives.

C'est à Bachofen et à Mac Lennan, tous deux récemment décédés, que revient l'honneur d'avoir mis terme à ce verbiage. Les premiers, ils réduisirent à néant la théorie dite patriarcale; les premiers, ils démontrèrent quelle fantaisie la soutenait; les premiers, ils posèrent, d'après des témoignages indéniables la non-existence de la famille individuelle aux époques initiales. Or, chose extraordinaire, ces deux novateurs s'ignoraient. Ils procédèrent isolément d'après une méthode différente et propre à chacun d'eux. Bachofen, profondément érudit sur l'antiquité classique, a recherché les plus anciennes formes de la sociabilité dans l'étude comparée des mythes. Il se convainquit que le peuple ne pouvait décrire la vie des dieux hors des traits empruntés à son existence personnelle, que les mythes étant plus ou moins stationnaires, il y avait d'amples informations a en tirer sur l'ère préhistorique des peuples de l'antiquité. Quant à Mac Lennan c'est à l'ethnographie qu'il veut ravir le secret de l'état archaïque des sociétés humaines. Selon lui, les sauvages représentent, à l'état actuel, les mœurs de nos ancètres, aux temps reculés. La preuve ressort de la parfaite conformité entre les récits des explorateurs modernes et les faits recueillis par Hérodote, Strabon et autres écrivains de l'antiquité et du moyen-âge.

Il manquait à la théorie nouvelle de la famille primitive une description minutieuse des rapports de parenté et du mode de mariage vers cette époque initiale de la sociabilité humaine. Ce tableau ne pouvait paraître qu'à la suite d'investigations détaillées de la vie des tribus sauvages, qui vaguent encore sur notre planète. Or ces investigations ont été accomplies naguère de façon scrupuleuse par des personnes initiées aux langues indigènes et ayant fait parmi les peuplades qu'elles dépeignent un séjour de plusieurs années. M. Morgan, [1] surtout, semble avoir écrit d'une manière tout à fait déterminante sur les systèmes de parenté

---

(1) Voir ses *Systems of consanguinity and affinity in the human family*, publication du Smithonian Institute de Washington, son *Ancient Society* (London 1877), et «*Houses and House-life of the american aborigines*» dans les *Contributions of North American Ethnology, Washington 1881*.

et de mariage parmi les Iroquois et M. Fison sur celles des tribus australiennes.

A l'initiative de ces intelligences d'élite, nous sommes redevables de la plus étonnente découverte opérée de notre temps dans les recherches sociologiques.

Elle démontre que la famille individuelle, constituée ainsi qu'elle se trouve de nos jours par le mariage et la filiation, ne se rencontre point à l'origine de la sociabilité humaine. A sa place nous constatons la famille *matriarcale* ne reconnaissant d'autres liens que ceux qui unissent l'enfant à la mère et à ses parents utérins.

Bien des générations se succédèrent, bien des systèmes à peine ébauchés sombrèrent avant que cette théorie sût prévaloir. Car l'esprit scientifique ne se rend qu'à l'évidence; et les faits que l'ethnographie et la science des législations prétendent avoir relevés, portaient, à l'origine, un tel caractère de confusion et de contradiction, qu'il eût paru vraiment téméraire de les choisir pour matériaux d'une nouvelle théorie sociale.

Rien n'est plus ardu, en effet, que d'acquérir des connaissances exactes sur un peuple dont l'état social et intellectuel est entièrement opposé au nôtre. Un voyageur de passage, un observateur plus ou moins superficiel — comme le furent jadis vis à vis des nations barbares la plupart des analystes anciens —, ne parviendra jamais à découvrir le sens véridique des civilisations primitives. Aussi ne faut-il pas s'étonner, si les récits vulgaires sur les indigènes du nouveau Monde, de l'Asie et de l'Afrique, si les informations partielles des auteurs Grecs ou Latins sur les barbares de l'antiquité ne conduisirent d'abord qu'à la négation de tout lien familial primitif. Dès le siècle passé, on employa, pour signifier ce genre de rapports sexuels, les termes de *promiscuité* et *d'hétairisme*. Chaque idée d'organisation, de règlement fixe et stable imposé par la coutume fut soigneusement éliminé des dissertations traitant de l'état primitif des sociétés humaines.

Cependant cette conclusion se trouvait essentiellement contradictoire avec un fait d'ordre général, d'une telle évidence que les explorateurs les plus superficiels de la vie sauvage et barbare ont été contraints de le mentionner. Je veux dire: la filiation par la mère, et non par le père, comme le veut la loi de nos jours; autrement dit, la reconnaissance de liens stables et continus exclusivement entre l'enfant et sa mère.

Cette coutume entraine, parmi les sauvages, l'adoption du nouveau né par le groupe social auquel appartient la mère. Le groupo porte un surnom commun à tous les membres, ordinairement celui d'une plante ou d'un animal. Et, par là même, cette créature devient sacrée à ceux qui la choisirent pour patron, pour «*totem*», disent encore les Océaniens.

Près de cette découverte que la mère est la base de la famille primitive, vint bientôt surgir une autre non moins extraordinaire. J'ai parlé de ce qu'on a récemment dénommé *exogamie*, terme qui exprime l'interdiction des rapports sexuels entre personnes appartenant au même groupe social et portant le même nom, signe de leur parenté naturelle ou supposée. Ces deux phénomènes de la filiation matriarcale et de l'exogamie devaient mettre en doute l'existence de cette promiscuité primitive si contraire à toutes les idées de règle et de restriction dont M. Lubboc a bien voulu doter l'enfance de l'humanité. En outre ils firent supposer qu'à l'origine même des sociétés les relations sexuelles, loin d'être abandonnées à l'arbitraire, ont dû se plier de bonne heure à certaines exigences de la coutume et de la religion, à certaines prescriptions d'ordre moral.

L'étude comparée des sociétés animales révéla, ensuite, l'existence de groupes familiaux entre plusieurs espèces de vertébrés. Et cela n'a pas peu contribué à mettre en suspicion l'hypothèse d'une promiscuité générale dont l'humanité ne se serait affranchie qu'après des efforts séculaires.

A l'encontre des sociologues empressés pour reconnaître à notre espèce ce trait de mœurs bestiales, Darwin, le premier, a émis l'idée que les animaux mêmes n'étaient pas aussi indifférents à toute règle de conduite qu'on voulait bien le croire. Il prouva que leurs rapports sexuels étaient assujetis à certains préceptes propres à faire penser que des lois de famille à l'état embryonnaire régissaient les associations animales. Reprenant l'œuvre du maître, Espinas, Houzeau et autres expérimentateurs ont recueilli un nombre prodigieux de faits qui, suivant M. Letourneau, établissent indiscutablement que «la famille» parfois patriarcale, mais le plus souvent matriarcale, est usitée dans le règne animal.

En ce dernier cas, la femelle est le centre du groupe et son amour pour les jeunes se manifeste infiniment plus fort et plus dévoué que celui du mâle. Cette observation se constate le mieux chez les mammifères où le mâle très-égoïste, ne protége la famille que dans son intérêt personnel. (¹)

Monsieur Letourneau ne se trompe pas quand il prétend que les sociologistes qui admettent la communauté des femmes comme un stade primitif et nécessaire des associations sexuelles dans l'humanité, auraient pris garde à leur affirmation, s'ils avaient approfondi la sociabilité animale avant que d'aborder la sociologie humaine. (²)

Ces dernières années, l'étude minutieuse des sociétés peaux-rouges et australiennes, poursuivie par des missionaires et des savants établis sur les lieux mêmes et possesseurs des idiomes indigènes, a servi non seulement à con-

(¹) L'Evolution du mariage et de la famille par Charles Letourneau. Paris 1888. — P. 43—44.

(²) — Ibid. — p. 47.

firmer les doutes sur l'existence d'une promiscuité primitive, mais encore à révéler le mécanisme intérieur d'une societé méconnue.

Laissons, avant tout, parler M. Fison, l'infatiguable missionaire anglais, l'observateur judicieux de la vie intime des tribus australiennes. La constitution familiale qu'il y nota semble la plus voisine de cette communauté des femmes dont il fut, tant de fois, discuté.

L'organisation la plus simple et, probablement, la première de toutes celles que nous connaissons, nous dit l'auteur anglais, est celle qui, dans une même tribu, n'admet que l'existence de deux groupes composés chacun d'hommes et de femmes sous le même nom familial. Elle affirme la filiation par la mère et contraint ses membres au devoir d'éviter tous rapports sexuels dans le milieu qui les a adoptés. Ainsi, par exemple, dans l'Australie méridionale, les indigènes habitant le district appelé Mont Gambier, encore qu'ils ne forment qu'une seule tribu, ne demeurent pas moins divisés en deux groupes assimilables au «clan» ou à la «*gens*»: le groupe Kumite, et le groupe Kroki. Chacun de ces groupes est composé d'hommes et de femmes. Mais tout mariage au sein d'un même groupe reste sévèrement interdit. Donc ces groupes sont exogames. En même temps, tout Kumite est censé, de droit, l'époux de toute femme Kroki, comme tout Kroki de toute femme Kumite. Les enfants nés d'un homme Kumite et d'une femme Kroki sont Kroki, tandis que ceux engendrés par une Kumite en cohabitation avec un Kroki ne peuvent être que Kumites. En sorte que l'enfant appartient au groupe de sa mère et porte avec elle le même surnom. Loin d'habiter certaines localités définies, ces groupes vivent mêlés dans les mêmes villages et sur une superficie de plusieurs milliers de lieues; ce qui permet des unions passagères entre un Kroki venant d'une très grande distance et une femme Kumite établie dès sa naissance dans l'endroit qu'il vient visiter. Car un Kroki possède les droits d'époux vis-à-vis de toutes les femmes Kumite, comme un Kumite vis-à-vis de toutes les femmes Kroki. De là l'origine de l'hétairisme hospitalier très usité, de nos jours encore, parmi les tribus de l'Afrique et de l'Asie, les Kaffres, (1) les indigènes de la Sibérie, les Koriaques et les Tchouktchi. (2)

A l'origine, l'hétairisme hospitalier ne concorde point avec l'idée de promiscuité. Car l'union passagère de l'hôte n'est admise qu'à condition de ne point enfreindre la loi de l'exogamie. Aussi, un Kumite venant s'installer dans la maison d'une femme Kumite, s'obstiendra-t-il de toute relation avec cette prétendue sœur. Le contraire aurait lieu si la maîtresse du logis appartenait au clan des Kroki. N'étant point alors du nombre de ses parentes, elle se classe dans la catégorie de ses femmes.

L'exogamie est maintenue par les tribus australiennes avec tant de rigueur, qu'au cas de rapt et d'enlèvement de femmes et de filles le ravisseur ne se croit point autorisé à devenir époux de sa victime à moins qu'elle ne dépende d'un clan autre que le sien.

Tout Kroki étant l'époux de toute femme Kumite, et inversement, nous pouvons prétendre que le mariage individuel est remplacé chez les indigènes par le mariage des groupes. Notons encore un trait particulier. Le mariage ne s'accomplit pas à un temps donné. Tout individu, à quelque sexe qu'il appartienne, devient mari ou femme par droit de naissance. Les enfants appartenant toujours au clan de la mère, un Kumite est sensé le père de fils et filles Kroki, et un Kroki le père de fils et filles Kumite. La division de la tribu en deux classes exogames se transmettant leurs droits et privilèges par filiation maternelle, se retrouve chez maintes peuplades de l'Australie. Et cette même organisation sociale

(1) Post. Afrikanische Jurisprudenz — 1887 — p. 472.

(2) Histoire et description du Kamtchatka — Amsterdam, 1770 — VI, p. 126.

fleurit chez les habitants de la Nouvelle Bretagne, chez les Gallas et autres tribus indigènes de l'Afrique. (1)

Une classification plus complexe, qui subdivise les deux groupes primordiaux en un nombre variable de clans, domine plus généralement tant parmi les indigènes de l'Australie que parmi les Peaux-Rouges de l'Amérique du Nord. Il est prouvé que ces clans, parfois très-multiples, ne formaient à l'origine que deux groupes exogames. En effet le mariage de clan à clan n'est pas libre; et les subdivisions d'un même groupe ne peuvent se lier par mariage qu'avec les clans du groupe opposé.

Le même phénomène social affecte les tribus des Iroquois de l'Amérique du Nord. Ces tribus se subdivisent en phratries et en clans. Chaque phratrie comprend plusieurs clans. Le mariage est prohibé entre les membres d'une même phratrie: le mari et la femme doivent nécessairement appartenir à des clans de phratries différentes. Ainsi chez les Seneca-Iroquois, qui comptent deux phratries et quatre clans pour chacune les liens matrimoniaux ne peuvent être contractés entre les hommes et les femmes des clans de l'Ours, du Loup, du Castor et de la Tortue. L'union ne s'opère que si les mâles de ces clans choisissent leurs compagnes parmi les femmes des clans tels que celui du Daim, de la Bécassine, du Héron, du Faucon, dépendants de la phratrie contraire à celle des maris.

Un autre trait non moins caractéristique de la famille-groupe se rapporte au rôle important conféré au frère de la mère, à l'oncle utérin. Comme le père appartient régulièrement a un autre groupe que celui de la mère, il ne fait qu'un court séjour dans le clan de la femme. Par suite, des liens constants ne peuvent persister entre les époux, entre le père et ses enfants. Mais l'oncle utérin qui vit près de sa sœur et de ses neveux leur accorde assistance et protec-

(1) Voir les informations données à ce sujet par du Chaillu, Burton, et rapportées par M. Fison — p. 35.

tion. Aussi occupe-t-il le premier titre dans le système de parenté suivi par les Océaniens et les Peaux-Rouges.

Le mariage par groupe et la filiation par la mère est un trait si commun aux civilisations sauvages et barbares qu'on le pourrait élucider par une multitude d'exemples. La crainte de fatiguer votre mémoire m'oblige pourtant à accumuler le moins de faits possible. A ceux déjà cités je vais en joindre quelques nouveaux empruntés aux populations de race malaise ou nègre. Puis je confronterai ces observations ethnographiques avec les détails fort curieux, malheureusement fragmentaires, que nous livrent les écrivains de la Grèce et de Rome sur les sauvages et les barbares de l'antiquité, de même que certaines inscriptions récemment déchiffrées.

Selon Pistorius, la famille malaise, se compose de la mère et de ses enfants: le père n'y est pas compté. Les liens de parenté l'attachent mieux à ses frères et sœurs qu'à sa femme et à sa descendance. Même après le mariage, il continue de vivre dans sa famille maternelle. Là est son véritable domicile; il ne cesse de cultiver le champ de cette famille, de travailler pour elle; et il n'aide son épouse qu'accidentellement. Le frère ainé de la branche maternelle détient ordinairement les pouvoirs du chef de famille. Ses droits et ses devoirs l'obligent à des fonctions de père envers les enfants de sa soeur. A sa mort, l'ainé parmi les mâles de la branche maternelle, succède à l'oncle. S'il n'existe aucun fils en âge d'occuper cette situation, la mère s'en charge. Et ce n'est qu'à défaut de la mère et de ses frères que le père, si les enfants n'ont point atteint leur majorité, devient le chef de famille. Ni l'alimentation, ni l'entretien de la femme et des enfants n'incombent à l'époux. Les biens de la branche maternelle sont affectés à cet usage et forment un patrimoine commun inaliénable. A cette branche revient aussi, la fortune de chaque malais défunt: à ses frères et sœurs d'abord, aux enfants de ses sœurs ensuite, mais jamais à sa femme ou aux enfants qui en naquirent. Lors qu'un père veut faire une donation entre vifs à ses propres enfants, il lui faut l'assentiment de ses frères et sœurs. Le chef de la famille maternelle assume l'administration des biens de la communauté, sous la surveillance de ses sœurs. Quant à la succession, dans la plupart des tribus malaises, le fils en est exclu au profit du neveu utérin. [1]

En Afrique, les Nubiens, entre cent autre peuplades indigènes, offrent les mêmes caractères d'une organisation familiale tout opposée à la nôtre. D'après Abou-Selah, lorsqu'un roi de Nubie meurt en laissant un fils et un neveu du côté de sa sœur, celui-ci occupe le trône plutôt que l'héritier naturel. Les Nubiens comptent leur généalogie du côté des femmes. L'héritage passe au fils de la sœur et à celui de la fille, au préjudice des fils du défunt. Pour justifier cet usage (le détail mérite d'être noté) les Nubiens allèguent que la naissance du fils de la sœur et de la fille n'est point équivoque et qu'ils appartiennent incontestablement à la famille, que leur mère les ait conçus de son mari ou d'un autre. [2]

Le matriarcat, les institutions et les mœurs qui en dérivent forment, dans l'Afrique, un fonds commun qui rallie entre elles par une communauté d'habitudes la plupart des tribus indigènes. En exemple, nous citerons les faits recueillis par Munzinger dans sa description des Bayas et des Barea. Chez ces peuplades la famille repose entièrement sur le principe de la parenté maternelle: les enfants directs du père et de la mère sont exclus de l'hérédité. La coutume appelle à la succession, d'abord le frère de la mère; en seconde ligne, le fils aîné de la sœur aînée; en troisième lieu,

---

[1] Giraud Teulon. *Les Origines du Mariage et de la Famille*, — p. 122, 202.

[2] Giraud Teulon. *Les Origines du Mariage et de la Famille*, — p. 209.

2

le second fils de la sœur aînée; en quatrième, le fils de la plus jeune sœur, puis la sœur du défunt, et enfin les nièces de cette sœur. Les biens passent donc en ligne collatérale, et exclusivement, aux frères et aux sœurs ainsi qu'à leurs descendants du côté des femmes. Le même ordre est suivi pour le choix du vengeur du sang versé. Cette vengeance est une obligation qui dépend du fait de la parenté maternelle. Elle incombe non pas au fils du défunt, mais à ses neveux du côté de sa sœur. Si une femme vient à être tuée, le droit de la venger revient en premier lieu à ses enfants; à leur défaut, au frère utérin, enfin au fils de la sœur

Ces données ethnographiques n'acquièrent une véritable importance pour l'objet de nos recherches que grâce à leur parfaite coordination avec les phénomènes sociaux révélés par les écrivains de l'antiquité. Car ils nous apprennent que le matriarcat et l'exogamie furent les signes distinctifs des sociétés à l'époque la plus reculée de leur histoire. Ainsi saurons nous parvenir à un criterium infaillible pour apprécier le caractère de haute antiquité que possèdent les institutions familiales des indigènes de l'Ancien et du Nouveau Continent. Et cela nous autorise à les considérer comme les types qui détermineront notre théorie de la famille primitive.

Un érudit anglais moderne, M. Andrew Long, résume de la façon suivante les témoignages historiques concernant l'existence de la famille matriarcale chez quelques tribus de l'antiquité.

"Les Lyciens, d'après Hérodote, gardaient cette coutume très-particulière de porter le nom de leurs mère au lieu de celui du père. Et l'état des personnes se réglait d'après celui de la mère." Tout en citant ce texte, Bachofen le commente d'une observation importante qui semble le confirmer absolument: les inscriptions lyciennes ne mentionnent que les noms de mère. [1] Des coutumes analogues à celles des Lyciens exi-

---

[1] Bachofen. Das Mutterrecht — p. 300.

staient aussi, selon Polybe, à Locre, où la parenté par les femmes était la seule reconnue. Les Ethiopiens honoraient avant tout leurs sœurs; et les chefs ne léguaient le pouvoir qu'aux fils de leurs sœurs, non à leurs enfants propres. D'autre part les Phéniciens, rapporte Sanchoniathon, n'étaient aussi dénommés que par l'appellation matronymique. Quant aux Egyptiens les documents qui nous sont parvenus, paraissent fort contradictoires. Toutefois un ensemble de renseignements laisse supposer que, dans la vallée du Nil, la filiation maternelle était en vigueur. Les actes publics antérieurs au roi Philométor ne signalent souvent que la mère; et les inscriptions hiéroglyphiques portent fréquemment le nom de la mère sans indiquer celui du père. On constate pourtant des faits contraires. Telle, la généalogie des grands prètres, dont parle Hérodote, tous issus les uns des autres en ligne masculine. D'où l'on pourrait avancer que la filiation par le père fut d'abord introduite dans la classe sacerdotale. [1]

Quoi qu'il en puisse ètre de l'Egypte, les faits nombreux que nous venons d'invoquer, ne laissent point subsister de doute sur la haute antiquité de la descendance par la mère seule; — un des traits les plus caractéristiques de la famille primitive.

Quant à l'exogamie, autre particularité de la même famille, son existence parmi un grand nombre de tribus barbares a été prouvée par M:r Mac Lennan avec une telle abondance de détails, qu'on aurait vraiment tort de revenir sur ce point. Elle parait avoir été non moins connue des peuples de l'antiquité et, pour ne donner qu'un exemple, nous citerons le témoignage suivant de Plutarque:

«A l'époque la plus reculée, les Romains s'abstenaient du mariage avec les femmes qui leur étaient consanguines,

---

[1] — Letourneau — *L'Evolution du Mariage* — p. 383.
— Giraud Teulon — *Les Origines de la famille* — p. 282—3.

aussi bien qu'ils s'en abstiennent de nos jours avec leurs tantes et sœurs. Il fallut des siècles pour qu'ils consentissent à épouser leurs cousines.» ([1])

Encore que suffisamment prouvée par ces observations, la théorie qui revendique l'antiquité de la famille matriarcale gagnerait en évidence si l'on en pouvait ressaisir les traces chez les peuples modernes d'une antiquité avérée.

Quelques tribus indigènes du Caucase, les Pschaves connus aux écrivains de l'antiquité sous le nom de Pchôveli, les Svanètes ou Svanes de Strabon, les Ossètes ou As, paraissent être dans ce cas. Refoulés dans de hautes vallées, ils résistèrent pendant des siècles à toute influence étrangère, et, par là, ils surent garder de nombreux vestiges de la civilisation première.

Cette raison m'a décidé à poursuivre une étude minutieuse de l'histoire de ces peuplades encore méconnues. Les trois voyages que j'ai pu mener à bien dans la région de la chaîne caucasique et un séjour de plusieurs mois parmi les tribus montagnardes des hautes vallées m'ont fourni les moyens de recueillir d'amples informations dont profitèrent mes ouvrages sur le "*Droit Primitif*" la "*Coutume Moderne* et *l'Ancien Droit*".

Les comptes rendus que publièrent le *Journal des savants* et les *Mémoires de la société asiatique de Londres* ne rendent que bien incomplétement les détails fort curieux donnés par le Droit coutumier du Caucase sur la famille primitive.

Aussi vous initierai-je moi-même à ces études dont le résultat général ne saurait qu'asseoir sur une base plus solide la théorie fondamentale de la famille maternelle.

Le seul fait qui semble révéler la communauté des femmes entre les membres d'un même groupe de parents, comme une coutume très ancienne à peine abolie, c'est la défense

([1]) Voyez la *Vie de Romulus*, citée par Mac Lennan: *Patriarchal Theory* — p. 206—8.

de tous rapports sociaux entre la femme, le père et les frères de son mari. La jeune mariée ne doit point relever son voile en présence des frères et du père de l'époux. Elle ne doit jamais leur adresser la parole; et cela pendant des années, ordinairement jusqu'à la naissance d'un fils. — Le mari mort, la question change de face, et la veuve revient de droit à l'aîné des frères. Si elle refuse de s'unir à lui, il réclame une indemnité. La veuve qui contracte un mariage en dehors de la famille du défunt restitue son prix nuptial à la famille de son premier mari.

L'interdiction de tout rapprochement entre la jeune mariée et les frères de son époux; puis, le lévirat ou mariage obligatoire avec le frère aîné du défunt se retrouvent chez la plupart des tribus du Caucase et même, au delà, parmi les Kirghizes des steppes de l'Oural. Cela nous porte à croire que le mal qu'on voulait réprimer par ces défenses tirait son origine de coutumes généralement reconnues jadis, et dont le lévirat a persisté comme seul vestige.

Nous entamerons maintenant la discussion d'une autre partie de cette même organisation familiale: la reconnaissance exclusive de la parenté par la mère.

Une survivance de cet ancien ordre de choses semble nous avoir été conservée dans le curieux phénomène que voici.

Chez les Tcherkesses de la Mer Noire, le fils n'a pas le droit de reconnaître en public que tel ou tel est son père. On manquerait à l'étiquette en demandant au père des nouvelles du fils, ou réciproquement.

Nous avons remarqué, qu'aussi longtemps que dure la famille maternelle, le frère de la mère protège les enfants comme le père de nos sociétés modernes. Or, il importe de savoir que parmi les montagnards de la Géorgie et particulièrement les Pschaves, le frère de la mère prend la place du père dans toutes les circonstances où il s'agit de venger le sang répandu, surtout au cas de meurtre commis sur la personne de son neveu. A lui revient la part la plus considérable de la composition ou du Wergeld.

Les Ingousch, autre tribu fort ancienne, dont le berceau demeure encore ignoré, pratiquent une coutume qui provient de l'époque où le neveu héritait du frère de sa mère. — Tout individu parvenu à l'âge de puberté, seize ou dix-sept ans, s'arroge le droit d'exiger que son oncle maternel lui fasse cadeau d'un cheval. Personne ne peut se soustraire à cette obligation. Le «*barch*» (tel est le nom de ce présent forcé) est souvent pris de force par le neveu impatienté des retards que suscite son oncle à l'exécution de ce que la coutume considère comme son devoir.

L'exogamie ou l'interdiction de tout mariage entre les membres d'un même groupe de parents, comme la prépondérance de la tutelle utérine, et même quelques vestiges d'une communauté de femmes entre membres d'un cercle familial restreint, persistent de nos jours chez les peuplades les plus sauvages et les plus retirées de la grande chaine Caucasienne. Je veux parler des Chevsours, de cette nationalité d'origine géorgienne que, récemment encore, à propos de certaines particularités du costume, on identifiait facilement avec la descendance d'anciens croisés surpris par les montagnards du Caucase lors de leur passage en Géorgie et refoulés au centre des plus hautes vallées. Ainsi que j'ai prétendu le faire comprendre par un article publié en anglais[1] ces faux croisés ont gardé jusqu'à l'heure présente les signes d'une civilisation bien antérieure aux croisades, et qui dépendrait plutôt de l'Avesta iranien. Il reste donc fort curieux de constater parmi ce peuple, demeuré stationnaire pendant toute une série de siècles, des traces multiples du martriarcat primitif.

De même que la plupart des peuplades caucasiennes, les Chevsours se divisent en clans ou *gentes*. L'exogamie

---

(1) *English archaeological review*. June 1888.

est scrupuleusement maintenue. Mais souvent, comme chez les Peaux Rouges et chez les Iroquois en particulier, plusieurs *gentes* composant une même phratrie sont censés s'abstenir mutuellement de liens matrimoniaux. [1]

La famille Chevsoure se présente à l'investigation moderne avec le caractère de monogamie. Mais cela n'exclut point la possibilité d'une communauté de femmes antérieure au mariage. Car les Chevsours ressemblent fort à leurs voisins les plus proches, les Pschavs: ils reconnaissent aux vierges le droit de se choisir des amoureux et des protecteurs qu'on nomme «Zazali». Pour expliquer exactement le principe d'une semblable coutume, nous la confronterons avec celle que l'anglais Howitt attribue à l'état familial des Kournai, tribu australienne. Suivant son récit, cette tribu, bien qu'elle admette le mariage individuel, permet la cohabitation aux membres d'un même groupe de parents, avec la fille que l'un d'eux souhaite en mariage. L'appropriation individuelle de la femme ne peut se consommer qu'à ce prix. On penserait donc que par cet hétairisme passager la femme paye sa dette à la communauté dont elle a lon temps été le bien commun. L'hétairisme des filles pschaves et chevsoures (on pourrait dire aussi des filles svanètes, autre tribu de montagnards géorgiens) ne peut invoquer d'autre origine. Après les noces, la femme n'appartient qu'à son époux; mais auparavant que le mariage ne soit solennisé elle reste au «zazali» qu'elle a choisi et qu'elle remplace aussi souvent qu'il lui agrée.

A ces détails sur les vestiges d'une communauté de femmes entre proches, je joindrai quelques observations sur la prépondérance du frère de la mère qui se perpétue jusqu'à nos jours, pour l'administration des biens du neveu utérin et la poursuite des crimes commis sur sa personne.

---

[1] Tel est le cas des clans Kietasur et Tchincharaouli. — Voyez Chudadov (en russe), Notes sur les Chevsours.

La coutume Chevsoure ne préconise pour les orphelins d'autre tuteur que le frère de la mère. Naguère encore ce même oncle utérin détruisait la maison appartenant au meurtrier de son neveu, et avait droit à un rachat du sang égal a celui de tous les parents paternels. C'était le dernier à qui il fut permis de pactiser avec qui avait menacé les jours du fils de sa sœur.

Ces faits nombreux recueillis sur le mariage par groupe et ses corollaires, sur l'exogamie et la parenté par les femmes, sur les survivances multiples d'un ancien ordre de choses perpetué dans des tribus acquises déjà au patriarcat; tout cela pris dans son ensemble nous parait amplement soutenir la thèse générale qui va suivre. Aux origines de la sociabilité humaine, la famille ne portait point le caractère de couple individuel qui la caractérise aujourd'hui. Elle consistait en un groupe entier d'individus portant le même nom, provenant d'une même femme, contractant leurs unions suivant les principes de l'exogamie et possédant leurs épouses en commun.

Cette famille utérine et exogame, ne reconnaissant d'autre union que le mariage par groupe, se peut dénommer le matriarcat. Ainsi nous la distinguerons d'un autre genre de famille-groupe qui lui est postérieure, et dont le père ou le plus agé des agnats forme la tige.

Il nous sera donc permis de conclure que la phase la plus ancienne de l'organisation familiale est le matriarcat et que le patriarcat n'apparut que comme la suite nécessaire d'un ordre de choses infiniment plus archaïque.

---

# DEUXIÈME LEÇON.

Dans la précédente leçon nous avons montré que la famille fondée sur la parenté par le père est rien moins que la forme universelle de la société familiale, qu'un grand nombre de peuples anciens et modernes l'ignorèrent complétement, que d'autres enfin, bien que soumis à l'autorité du père, gardent encore des traces multiples d'une filiation matriarcale antérieure. Et l'on se demande comment une théorie qui invoque des expériences aussi nombreuses que concluantes, et corrobore exactement l'état matériel et intellectuel de l'humanité primitive, peut être raisonnablement contredite.

Pourtant des jurisconsultes de première valeur, M. Maine entre autres sont cités comme ses adversaires déclarés. Si je cherche la cause d'une pareille anomalie je ne puis éviter d'en imputer la responsabilité aux fondateurs mêmes de la théorie nouvelle. Trop soucieux de données ethnographiques, ils se contentèrent le plus souvent d'appuyer leurs vues sur des exemples empruntés à des peuples d'un intérêt secondaire. Les deux grandes races dont l'évolution constitue l'histoire même de l'humanité sont à peu près omises par leurs écrits. On y rencontre il est vrai çà et là quelques souvenirs de mythes et de légendes; mais le caractère, j'oserai dire cosmopolite de ces traditions, leur passage fréquent d'un pays à un autre, éveillent nos soupçons sur l'origine des traits sociaux qu'elles représentent. Nées ordinairement en Asie, elles pouraient garder l'empreinte de leur pays natal, même sous la forme hellénique, slave ou germaine. Et, si l'examen reste superficiel, il serait amené à qualifier d'aryen tel ou tel phénomène social dont la véritable parenté appartient aux peuples touraniens ou sémites. Aussi le succès de M. Bachofen, qui puisa tant dans l'épopée populaire, est-il demeuré fort douteux. On continue à débattre ses conclusions. On redoute d'entrer dans l'erreur et, il faut le dire, on a raison la plupart du temps. Car à chaque degré nouveau qu'atteint l'étude comparative du folk-lore, la possibilité de rattacher tel mythe ou telle légende à un peuple et à un pays distincts devient de plus en plus problématique. La théorie de la filiation matriarcale saurait acquérir une bien autre importance si l'on voulait prendre la peine de la fonder sur des faits appartenant à la science des législations comparées, aux antiquités juridiques des peuples sémites et aryens. Cette science, à l'heure présente, commence à constituer une branche spéciale de connaissances et son avenir ne faillira point à être des plus brillants. Malheureusement, presque tous les auteurs qui tentèrent la théorie de la filiation matriarcale ont absolument ignoré les principes même de la jurisprudence. Ceci peut être dit de Lubbock et de Spencer dont les travaux restreints aux sciences naturelles ne portèrent jamais sur la science du droit; ou encore du philologue Bachofen et de l'ethnographe Morgan.

Il ne faut donc pas s'étonner que des légistes comme l'éminent Maine s'en tiennent encore à la théorie patriarcale. Avant de la rejeter, ils demandent des observations plus multiples et plus concluantes, ils continuent à soutenir que les deux principales races de l'humanité, — la race sémitique et la race aryenne — ne furent point asservies aux mêmes lois de développement que celles qui régissent les Peaux Rouges et les Océaniens. Selon leur sentiment, le matriarcat pourrait n'offrir en somme qu'une exception à la règle commune. D'après Maine, la vraie cause de ce phénomène serait le manque de femmes occasionné dans certaines sociétés par des guerres et des rapts répétés, par la coutume si fréquente de l'infanticide des filles, ou par ce fait que ces sociétés doivent leur fondation à un groupe de colonisateurs exclusivement composé de mâles. (1)

Nous nous garderons de reconnaître une importance quelconque à ces sortes de considérations. L'illustre légiste anglais semble ignorer ce fait trop connu que les guerres entre tribus, de même que les rapts, se retrouvent à l'enfance de toutes les sociétés et que les rapts surtout forment une règle commune: le plus ancien mode de se procurer des femmes étant de les enlever aux voisins. En conséquence on ne voit pas comment le matriarcat aurait persisté plutôt dans une race que dans une autre.

Nous ne pouvons non plus imputer le matriarcat à l'infanticide des filles; car cette coutume est ignorée par maints peuples où le matriarcat survit.

Reste la troisième considération: l'influence exercée sur l'organisation de la famille par ce phénomène que la colonisation du pays est due exclusivement à des mâles. Or, avant de discuter l'influence d'un pareil fait il importerait, au préalable, de prouver son existence. Et nous avons plusieurs raisons pour en douter.

Les notions historiques conservées sur la migration des peuples de l'antiquité et du moyen âge militent ouvertement contre une pareille hypothèse. Les migrations des Slaves et des Germains se sont toujours effectuées par tribus entières composées d'hommes et de femmes. Qui se croirait en droit d'en douter n'aurait qu'à méditer l'admirable ouvrage de M. Freeman sur l'émigration saxonne en Angleterre. (2)

---

(1) *Ancient Law and Custom.* — Ch. VII. p. 162.

(2) Norman Conquest, v. I, ch. I.

Un auteur récent, M. Starcke de Kopenhagen, cherche à donner une autre origine à ce fait que la parenté par la mère remplace la parenté par la père chez de nombreuses tribus. Voici telle quelle la théorie de cet écrivain ; nous dirons plus tard quelle importance il convient d'y attacher.

La cause majeure qui contraint une peuplade à choisir l'un ou l'autre de ces modes sociaux est expliquée par le principe de production. Les peuples agriculteurs estiment la femme de la même façon que les peuples pasteurs estiment le bétail. En effet parmi les barbares le soin des cultures incombe à la femme. Aussi n'est-il pas étonnant que des peuples agriculteurs comme les Peaux Rouges américains préconisent la parenté par les femmes, tandis que les peuples aryens de l'Europe et de l'Asie, enclins surtout à l'élève des bestiaux, favorisent plutôt la filiation par les mâles. Les premiers, loin de laisser partir leurs filles à l'époque du mariage, préfèrent garder les maris (les gendres) au sein de leur communauté ; les seconds se contentent de vendre leurs filles nubiles au dernier enchérisseur. (1)

On pense rêver en parcourant cette succession d'hypothèses, dont aucune n'est ou ne peut être confirmée par des faits certains. D'abord comment se prouve-t-il que les Peaux Rouges et les Aryens primitifs aient subi, dans le mode de production, la différence signalée par M. Starcke. Invoquera-t-on pour les premiers le manque de bœufs ou de brebis? Mais ces animaux sont remplacés, M. Waitz nous l'apprend, par les troupeaux des lamas et des alpackas, si nombreux dans les anciens royaumes du Mexique et du Pérou. Invoquera-t-on l'ignorance des anciens Aryens sur les choses de l'agriculture? Cela est formellement contredit par les témoignages de la philologie comparée.

Il n'y a donc pas lieu d'établir entre les deux branches

---

(1) Voyez pages 106 et 107 du livre intitulé : *Die Primitive Familie (Internationale Wissenschaftliche Bibliothek. Leipzig — 1888).*

de la famille humaine les différences que M. Starcke tente d'introduire. En sorte que sa théorie se trouve réduite à une série d'hypothèses sans fondement appréciable.

Mais quand bien même leur authenticité serait reconnue, il faudrait encore que l'auteur fournît les motifs expliquant que la vente de la mariée par son pére n'est que le cas des populations agricoles, alors, qu'en réalité, elle appartient à tous les systèmes du droit ancien. Il lui faudrait aussi démontrer que parmi les peuples pasteurs, tels que les Israélites, le gendre ne reste jamais dans la maison de la mariée; assertion aussitôt contredite par l'exemple de Jacob: il acquiert ses femmes moyennant un travail de plusieurs années accompli dans la métairie de Laban; etc. [1]

Quoiqu'il en soit, la théorie du matriarcat comme forme primitive de la famille ne sera point solidement établie avant qu'on en ait retrouvé les survivances dans l'ancien droit des Sémites et des Aryens. Aussi la recherche de ces survivances est-t-elle le souci constant des philologues et des juristes de la valeur de Smith Robertson, de Wilken, de Kohler ou de Dargun.

Nous tenons à résumer leurs travaux; nous y ajouterons quelques nouveaux aperçus suggérés par l'étude des anciennes législations slaves.

Le matriarcat, avons-nous dit, dépend d'une grande facilité de mœurs qui rendait impossible la connaissance du véritable père. Par suite, là ou le matriarcat a prévalu, nous devons relever les traces d'une sorte de communisme:

---

[1] Dans un autre endroit de son livre M. Starcke, toujours fécond en hypothèses; semble prêter au matriarcat une autre origine. — Les conditions de la polygamie et la diversité des qualités qui parent les femmes d'un même mari donneraient les causes qui portèrent certains enfants à prendre le nom de la mère afin de se distinguer ainsi des autres descendants du même père. Cette hypothèse ne se confirmant d'aucun témoignage direct, il serait vraiment oiseux de s'y arrêter. (Page 87.)

un certain nombre de parents vivant avec une ou plusieurs femmes. Or voici ce que rapporte Strabon sur le compte des Arabes. Souvent, prétend-il, les Arabes usent en commun de la même femme. Celui qui arrive le premier va la voir, et laisse en entrant pour signe convenu, son baton contre la porte. Cette coutume ne parait pas avoir disparu complétement même à l'époque de Mahomet. Cela est suffisamment démontré par l'existence de la «*mota*» ou mariage passager avec des femmes achetées, puis revendues. Ce mode d'union n'est pratiqué de nos jours que par les Schiites; les Sunnites l'ayant aboli à l'avénement du calife Omar. Un autre témoignage relatif au même fait est porté par une coutume que mentionne le jurisconsulte Bochari: elle consistait à se passer la même femme à prix d'argent ou à la céder pour quelque temps à un haut personnage, souvent avec l'intention formelle qu'elle en conçut un enfant.

Le relachement des mœurs ne se présente que comme le corrolaire d'un état de choses dans lequel les liens naturels de l'enfant à la mére sont les seuls reconnus. Il importe maintenant de réunir les observations qui prouvent l'existence de cet état. Nous commencerons par un détail. Le mot «Batn» qui désigne indifferemment chez les Arabes, la famille et la *gens*, signifie à proprement parler le «*sein*» ou plutôt les entrailles de la femme. Pour nommer les personnes consanguines, ils emploient l'expression «sabawahferut» ce qui veut dire les hommes sortis du même sein. Les membres d'une même famille sont appelés: «sénatotoan» ou personnes ayant bu le même lait; du mot «*toto*» (lait). Détail non moins curieux: plusieurs tribus arabes citées par Abulféda portent un surnom de femme. Par exemple on dit: les Banu-Chindif, les descendants de la femme Chindif, et non les descendants d'Ilhas-son mari. Comme beaucoup d'autres peuples, les Arabes prétendent que le caractère d'un homme dépend de ses qualités héréditaires; mais tandis que la plupart des peuples attribuent cet héritage sur le fond des ascendants paternels, les Arabes se l'attribuent sur le fond des frères de la mère.

Quant aux preuves tirées directement de sources législatives, nous remarquerons que l'enfant arabe hérite de la situation sociale maternelle, non de la situation paternelle, ce qui devrait être si l'autorité du père eut été reconnue dès le commencement. Ainsi le fils d'une mère esclave et d'un père libre appartient au maître de l'esclave. De plus, encore que fort opposés aux mariages entre parents, mariages qu'ils supposent valoir exclusivement une descendance faible et maladive, ils ne proscrivent point l'union de la mère avec son oncle paternel; d'où l'on peut conclure que ce dernier, lors de la formation des coutumes, n'était point considéré comme parent. Or, cette habitude ne s'explique pas sans la parenté par les femmes.

Tels sont les faits qui témoignent du matriarcat primitif chez les Arabes.

Des phénomènes analogues sont observés dans l'ancienne société juive. M. Fenton, par des citations nombreuses empruntées à la Génèse et aux autres livres de l'Ancien trestament, démontre que la position sociale des enfants israélites dépendait de la situation de leur mère. L'héritage ne se partageait qu'entre les frères utérins, raison pour laquelle Jephé, frère consanguin, ne fut pas admis au partage par les fils de la femme de Galaad. En se soulevant contre ses frères consanguins, un prétendant, comme Avimélech, fils de servante, jugeait nécessaire de s'allier à ses parents utérins.

Non moins probante est l'assertion que donne le livre des Juges (VIII. 19) où l'on trouve que la vengeance du sang appartenait aux parents utérins.

Les traces du matriarcat une fois relevées chez les Sémites, nous ouvrons l'étude des faits analogues dans les anciennes sociétés aryennes. Les Celtes de l'Irlande et du pays de Galles ont conservé les vestiges les plus nombreux de cet état antérieur. Les droits de la mère sur l'enfant furent reconnus en Irlande bien avant ceux du père; en effet pour devenir fils de quelqu'un il fallait en être reconnu officiellement, sinon l'on continuait à dépendre du clan de la mère. Quand un fils venait de naître, dit un vieux code irlandais, le *Livre d'Aicill,* le mari adressait à sa femme cette question: «de qui provient-il?» Si la femme répondait: «il est à toi» le père acquérait le droit de le tenir pour sien. Cette possession, d'ailleurs, ne se confirmait que si l'époux avait payé aux parents de la fiancée le droit nuptial. Dans le cas contraire le père leur devait acheter le nouveau né qui autrement fût demeuré au clan de la mère.

Les anciennes lois du pays de Galles énumèrent aussi de nombreuses circonstances où l'enfant n'est admis qu'au clan maternel: si le père ne l'a point reconnu, s'il est né hors du mariage, enfin si la condition de la mère l'emporte sur celle du mari. Ainsi le fils d'un esclave et d'une femme libre revient de droit au clan de la mère.

A ces preuves nombreuses d'une union étroite et exclusive entre la mère et l'enfant, nous en joindrons quelques autres d'un ordre différent: la part que les parents utérins prennent à la poursuite des meurtres et aux paiements des compositions, le droit pour le créancier de saisir non seulement les biens des consanguins mais aussi ceux des parents utérins; enfin l'obligation pour ces parents de comparaître en justice afin de témoigner par serment en faveur de l'inculpé.

L'état social des anciens germains offre plus d'un trait commun avec celui des Celtes. Le nouveau né n'était reconnu au père que s'il avait payé le droit de patronnage de sa femme. A défaut de ce paiement la descendance de la femme appartenait de droit à son clan seul. Le droit islandais maintient cette coutume rigoureusement: il suffit que le père n'ait pas soldé la partie la plus minime du «prix des noces», pour que ses enfants soient dépourvus à jamais du droit d'héritage sur les biens qu'il laisse après lui. Comme chez les Celtes, les enfants germains nés de mariages mixtes suivent l'état de leur mère. Les lois des Francs Saliens, des Alamans, des Lombards et des Frisons, contiennent à ce sujet des prescriptions précises.

Outre ces faits, Tacite témoigne que les anciens Germains considéraient les liens qui les unissaient au frère de la mère comme aussi sacrés que ceux qui les unissaient à leurs pères. Ce témoignage mérite d'autant mieux notre attention que l'épopée populaire le confirme amplement. Les Sagas de l'Islande de même que le Nibelungenlied ne connaissent pas de crimes plus affreux que de tuer à la femme son frère, aux enfants, leur oncle utérin. Pour venger ce forfait tout est permis, même le meurtre du mari ou du père. L'action la plus honteuse pour la femme est l'union avec le meurtrier de son frère.

Nous lisons dans la traduction allemande de l'Edda:

Schweig Idun!
Von allen Frauen
Mein ich dich die Männertollste:
Du legtest die Arme, die leuchtenden gleich
Um den Mörder eines Bruders.

Les chroniques mérovingiennes justifient l'épopée par plusieurs de leurs épisodes où le meurtre de l'oncle utérin se venge avec plus de cruauté que celui du père. (1)

Fort souvent aussi l'oncle utérin figure en qualité de tuteur ou de régent. Il travaille à établir ses nièces, les filles de sa sœur, et veille à l'éducation de ses neveux. Ceux-ci portent fréquemment son nom. A sa mort, ils sont généralement appelés à remplir la charge qu'il occupait de son vivant.

(1) Dargun. *Das Mutterrecht und die Raubehe bei den Germanen* — p. 53.

La parenté par la mère l'emporte encore tellement sur la parenté par le père que les plus anciens textes de la loi salique désignent la mère et sa sœur, la tante, comme héritières naturelles d'un homme mort sans enfants, tandis qu'ils ne mentionnent même pas le père et l'oncle paternel. Dans un des titres de la même loi connu sous le nom de «*Reipus*» le paiement fait à la veuve qui se remarie est dévolu de droit, après sa mort, au fils aîné de sa sœur, puis au fils de sa nièce utérine, et ainsi de suite en n'élisant comme héritiers que les êtres apparentés par la mère.

De même au cas du meurtre de l'épouse, son wergeld se règle sur l'état de son frère et non sur celui de son mari. Les parents utérins apparaissent dans la loi salique au nombre des personnes qui soldent le paiement du wergeld. Ils prêtent aussi leur concours devant la justice, comme «cojureurs» (conjuratores) ou personnes appelées à se prononcer sur le caractère du délinquant et sur la valeur de son témoignage. Enfin, dans plus d'une loi barbare, nous voyons la parenté par la mère et surtout l'oncle utérin occuper une place prépondérante, indice sûr et indéniable de l'existence, au temps jadis, d'une parenté par les femmes.

Les preuves de cet ancien ordre de choses diminuent chez les tribus slaves. Cependant elles existent; et pour ne citer que les moins douteuses je rapporterai le témoignage de la chronique dite de Nestor et des annales de Cosme de Prague, suivant lesquelles plus d'une tribu slave, les Drevlianes et les Cheches entre autres, ne connaissaient point le mariage. Les unions d'homme à femme avaient pour eux un caractère passager. Le père demeurant presque toujours inconnu, cela s'accorde au mieux avec le rôle dominateur que joue, dans l'ancien droit slave, le frère de la mère, l'oncle utérin. Cela justifie encore la haute importance que les Slaves continuent à attribuer aux liens entre frères et sœurs.

Au nombre des personnes à qui incombe de droit le pouvoir de venger le meurtre, l'article premier de la Prawda de Jaroslav, le plus ancien code russe, cite aussi le fils de la sœur. Telle est du moins la teneur des plus vieilles rédactions. D'autres, plus récentes, remplacent déjà le fils de la sœur par le fils du frère.

Les liens de parenté entre frères et sœurs naturels ou adoptifs paraissent plus sacrés que tous autres. «Je jure par le nom de ma sœur», telle est la formule généralement employée devant les tribunaux, si nous en croyons les anciennes chansons populaires des Serbes. L'individu dépourvu de sœur se trouvait contraint de jurer par ses armes et regrettait amèrement qu'il lui manquât ce qu'il y a de plus cher au monde : le bonheur de posséder une sœur.

Si nous examinons les peuples de l'antiquité, nous remarquerons que les Grecs laissèrent dans leurs poèmes héroïques, leurs tragédies, et les relations de leurs analystes des traces nombreuses d'un ordre de choses essentiellement contraire au régime de la famille patriarcale, mais s'accordant fort bien avec l'existence d'un matriarcat primitif. Suivant Varron, Cecrops, le premier, défendit aux enfants de porter le nom de leur mère, antique coutume que Strabon affirme avoir également fleuri chez les Béotiens. Les Crétois, d'après Plutarque, les habitants de Messine, d'après Pausanias, disaient, en parlant du lieu de leur naissance: «la contrée de ma mère». Dans les poèmes d'Homère, la parenté utérine compte bien avant la parenté consanguine. Ainsi Licaon se croit le droit d'implorer la clémence d'Achille vengeur de Patrocle par la raison qu'il n'est point le frère utérin d'Hector. Ainsi Hélène s'explique l'absence de Castor et Pollux du camp des Atrides par ce motif que leur mère est la sienne. Le plus grand malheur qui puisse frapper un homme, dit Homère, est la perte du frère utérin. La mort du fils affecte moins. Dans la légende de Méléagre, la mère maudit le fils qui a fait mourir son oncle utérin. Dans l'Oreste d'Eschyle, les Erynnies prétendent que les liens de mère à enfant sont plus sacrés que ceux du père au fils. Mais Apollon, prenant le parti d'Oreste, émet la théorie nouvelle du père, géniteur exclusif de l'enfant qui naît.

A tous ces faits joignons encore cette particularité de la législation athénienne qui interdisait tout mariage entre le frère et la sœur nés de la même mère, tandis qu'elle admettait celui des enfants nés d'un même père. Rien ne saurait mieux démontrer la grande supériorité des liens, dont la mère était le principe, sur ceux créés par la descendance d'un même père.

Seuls des peuples antiques, les Romains et les Indous ont gardé fort peu de traces du matriarcat. Cependant on arrive à recueillir çà et là quelques indices qui ne sauraient être expliqués à moins de reporter à une époque plus récente l'avènement de l'autorité paternelle. Tel est précisément l'avis du jurisconsulte Papiniain, qui rapporte aux rois l'honneur d'une pareille innovation.

Suivant une autre autorité, Dionys, l'origine des plébéiens remonterait à une nécessité sociale assez curieuse. A côté des gens qui pouvaient nommer leur père il y en avait d'autres, à Rome, dans les plus anciens temps, qui ne le pouvaient pas. Sans vouloir travestir pour notre cause cette narration de Dionys, on ne pourra contester du moins qu'elle milite en faveur de l'hypothèse d'un matriarcat primitif, non moins que la situation maîtresse concédée par les rois à l'oncle maternel. Ceux qui nieraient notre supposition, expliqueraient difficilement pourquoi Tarquin, craignant de perdre le trône, juge nécessaire de poursuivre ses neveux utérins, et pourquoi Brutus venge le déshonneur de Lucrèce, sa sœur, et non le mari. Si nous demeurons incapables de citer à l'appui de la thèse des documents juridiques, c'est que les fragments des XII Tables forment presque à eux seuls la matière de nos connaissances sur l'ancien état judiciaire des Romains.

Les Indous au contraire ont des épopées populaires, comme le Ramayana et le Mahabharata, et des codes multiples. Voici une série d'observations relatives à la question qui nous occupe et qui ont été rassemblées par M. Kohler, l'éminent professeur de Berlin.

Les codes brahmaniques intitulés Vischnou et Narada reconnaissent des droits de tuteur à l'aïeul et à l'oncle maternels. Des défenses formelles prohibent le mariage entre parents utérins. Il est interdit d'adopter les fils de sa sœur, alors que l'on admet l'adoption des fils du frère. De telles singularités ne dépendent d'autres raisons que de la priorité historique de la parenté utérine: l'adoption se faisant à l'origine par toute la parenté (toute la *gens*), les membres qui la constituaient, c'est-à-dire les neveux utérins, ne pouvaient donc y être adoptés. Mais pour les personnes placées hors la *gens*, comme les neveux consanguins, l'incapacité d'adoption n'avait plus de raison d'être. Une autre observation, non moins importante, constate que le don reçu de son promis par la fiancée, le *çulka*, devait revenir en partie, selon le Mitakshara, à ses frères utérins qui étaient d'ailleurs les seuls à le recevoir en héritage.

Il ne nous reste plus maintenant qu'à retracer les causes qui amenèrent la chute de cette ancienne constitution familiale, ce qui nous conduira à la nécessité de reconnaître les origines de l'autorité maritale et paternelle. Notre prochaine leçon abordera cette partie de notre étude.

La conclusion générale qui nous paraît se déduire des considérations précédentes se peut résumer ainsi qu'il va suivre.

Les peuples sémitiques et aryens ne suivirent pas dans leur évolution sociale une voie différente de celle des autres races. Ainsi que les Océaniens et les Peaux Rouges ils débutèrent par la période du matriarcat: leur législation la plus ancienne et leurs légendes populaires conservent les vestiges de cet état primordial.

On doit, selon nous, écarter toute idée de dualisme, de différence essentielle, pour le développement de la famille, entre les représentants les plus civilisés de l'espèce humaine et ses tribus sauvages ou barbares.

Pour achever l'esquisse de la période matriarcale, il convient maintenant d'appeler votre attention sur les causes qui amenèrent la dissolution de cet organisme familial. Le prochain sujet de nos études sera donc l'évolution spontanée de l'autorité maritale et paternelle.

---

# TROISIÈME LEÇON.

Ce qui caractérise le couple individuel à l'époque du matriarcat, c'est, comme nous l'avons dit, le peu de cohésion qui en unit les deux membres. Fort souvent le mari quitte la femme avant la naissance des enfants et n'en prend aucun soin. Le «*consortium omnis vitae*», dont parlent les définitions du mariage données par les jurisconsultes romains, n'existe pas sous le régime du matriarcat. On en peut dire autant de la «*manus*» et de la «*patria potestas*», le droit de tutelle du mari sur la femme et du père sur les enfants.

Cela posé, nous aborderons l'histoire évolutive de la famille vers un état se rapprochant de celui qui nous domine aujourd'hui. Ce mouvement évolutif s'est accompli sous trois directions différentes. Par le fait d'une transition spontanée, des liens de plus en plus stables durent s'établir tout d'abord entre les conjoints. Puis vint la création d'un pouvoir défini attribué à l'époux, qui, dans l'avenir exercera en faveur de la femme ce même rôle protecteur, auparavant dévolu au frère. Enfin, l'autorité toute récente du père sur les enfants couronnera l'édifice nouveau de la famille patriarcale.

Et si nous voulons suivre pas à pas le développement de la famille depuis ses origines matriarcales, il nous faut approfondir cette question sous ces trois faces différentes.

Il importe avant tout de savoir comment l'union de l'homme et de la femme, de passagère qu'elle fut d'abord, devint peu à peu permanente. Les changements qui se produisirent, avec le temps, dans la manière dont la famille se constituait fourniront l'objet de notre étude initiale.

Dans l'ère primitive, si nous en jugeons par l'exemple de la société australienne, le mariage ne se présente sous aucune forme cérémonielle; le seul fait de leur naissance appelle l'homme et la femme à vivre ensemble. Ainsi, chez les tribus du mont Gambier, tous les mâles d'un certain groupe ont droit à toutes les femmes d'un autre groupe. Il suffit d'être natif du groupe Kumite pour acquérir des droits sur toutes les femmes Kroki, et réciproquement.

Pour les sociétés qui subissent cette phase de leur développement, l'appropriation individuelle de la femme par le mâle sans quoi il n'y a point de mariage, ne peut s'accomplir. Même les femmes conquises par rapt n'en demeurent pas moins le bien commun du groupe social auquel appartient le ravisseur. Pour se l'approprier d'une façon définitive, il est contraint de consentir à ce qu'elle cohabite avec tous ceux qu'il appelle ses frères. C'est le cas des Kurnai, tribu australienne qu'a observée M. Howitt. Telles furent aussi, sans doute, toutes les sociétés antiques de l'Orient qui, au rapport des écrivains grecs et romains, pratiquaient l'hétairisme religieux.

L'exogamie continuant à être la règle de toutes les sociétés parties du matriarcat, l'appropriation individuelle de la femme ne se peut consommer autrement qu'au moyen d'un rapt, consenti ou non par la victime.

Les peuples les plus divers connurent ce mode de mariage; et cette thèse est trop démontrée pour qu'il nous soit permis d'encombrer votre mémoire d'exemples nombreux que l'on pourrait emprunter tant à l'ethnographie qu'à l'histoire.

Plutôt tiendrai-je à vous faire connaître que les nations les plus civilisées de l'Europe moderne n'ont pu se soustraire à cette étape de l'évolution de la famille humaine. A cet effet je vous ferai paraître quelques traits curieux de leur rituel.

Dans le rituel russe et dans celui des peuples allemands, on peut encore relever certaines traces de l'ancien mode de mariage par rapt. Ces mêmes caractères se constatent non seulement chez les Grecs, les Romains, les Indous et les Celtes, mais encore parmi les peuplades les moins civilisées du monde, les Peaux Rouges, les Océaniens, les Nègres etc. Pourtant une distinction s'impose. Ce qui chez les sauvages est signifié par un véritable enlèvement, se présente parmi les peuples d'origine aryenne sous l'aspect d'un symbole scrupuleusement observé et souvent incompris. Citons, par exemple, la «*deductio*» de la jeune mariée dans la maison de son époux, également en honneur à Rome et en Grèce. Le jeune homme prenait sa fiancée dans les bras et franchissait avec ce fardeau le seuil de la maison qui devait leur servir de demeure. Citons encore cette autre coutume si expressive, en usage dans le pays de Galles: le plus proche parent du fiancé, chevauchant à la tête d'un corps de cavaliers, pénètre dans le village de la future qui l'attend, entourée d'un brillant cortège de parents et d'alliés. Le messager des fiançailles demande qu'on lui remette la prétendue. Après un refus essuyé, il feint de lutter contre ceux qui défendent l'approche de la vierge, puis il l'enlève et l'emporte au galop.

Les chants de l'Edda mentionnent des rites de ce genre. Ils nous décrivent la lutte du fiancé contre un parent de la promise avant de la lui ravir par force. Les chants populaires slaves désignent ordinairement le fiancé sous le nom de «*vorog*» ou «*vrag*» (l'ennemi). Les rites actuellement en vigueur dans plus d'une localité russe exigent que les parents de la jeune fille l'entourent d'une enceinte fermée.

Bien que très répandue même de nos jours, la coutume de demander au rapt la femme convoitée fut remplacée, avec le temps, par la coutume non moins générale de l'achat. L'explication des causes qui ont produit ce phénomène est donnée par le Hollandais Wilken. Cet auteur prétend que le paiement consenti par le fiancé aux parents de l'épouse représentait d'abord une sorte de wergeld, autrement dit, rachat payé par le malfaiteur, rachat, qui le préservait des poursuites qu'aurait pu lui intenter la famille de la victime. Ce qui milite en faveur d'une pareille hypothèse, c'est que, même en cas de vente, les parents de la fiancée ne continuent pas moins à faire paraître une vive colère. Cette colère resterait inexplicable si l'on s'obstinait à voir dans le mariage par achat un contrat librement consenti. Quelle que puisse être d'ailleurs l'origine de ce nouveau mode d'union conjugale, on ne saurait contester que son usage dut contribuer puissamment à rendre indissolubles les noces ainsi contractées, sinon pour le mari, au moins pour la femme. Prétendre le contraire équivaudrait à cette supposition, tout-à-fait gratuite, qu'un possesseur se laisserait librement dépouiller de son bien.

Je n'insisterai pas sur cette constatation que le mariage par achat est un usage presque universel. Nous le découvrons également à Rome sous le nom de «*coemptio*» et dans l'Inde antique où il revêt deux formes distinctes, «*asura*» et «*arscha*»: l'importance du paiement versé par le fiancé en constitue la différence. La Judée, à l'époque des patriarches, comme la Grèce des temps homériques, offre plus d'un exemple de maris s'acquittant par le service de la dette contractée envers les beaux-parents. L'Iliade dit textuellement que les jeunes filles rapportèrent à leurs familles, «des bœufs», leur prix nuptial. L'épopée populaire des Slaves en général et des Russes en particulier rapporte souvent la vente de la fille à son fiancé. Dans nos chants populaires il porte encore le nom de «marchand», tandis que la jeune fille est qualifiée de marchandise. Les lois anglo-saxonnes, comme les chants de l'Edda mentionnent fréquemment, l'achat de la femme (de emente feminam), l'or apporté par le fiancé, les esclaves et les pierres précieuses cédés aux parents de la future.

Consolidée par ce nouveau mode d'épousailles, la famille n'acquiert une stabilité parfaite qu'au moment où elle se met sous le patronage des dieux et spécialement des esprits tutélaires, pénates ou génies, c'est-à-dire les ancêtres divinisés.

Plus on examine les rites populaires et plus on est contraint de conclure que, loin d'être exceptionel, le rite solennel des Romains et des Grecs se constate dans mainte nation, chez les Germains, aussi bien que chez les Slaves et les Indous, et, ce qui ne le cède pas en intérêt, parmi les tribus indigènes du Caucase, les Ossètes et les Pschevs en particulier. De nos jours encore, leurs jeunes fiancés, obéissant à la coutume, sont tenus de faire le tour du foyer domestique; après quoi ils goûtent en commun le pain et le miel offerts par la mère du mari. Ne dirait-on pas la confarreatio romaine ressuscitée aux pieds mêmes de l'Elborouz, à la distance de deux mille ans.

La consécration du mariage par des rites religieux qui lui impriment un caractère viager et inaltérable marque l'étape dernière de l'évolution de la famille. Quand elle atteint ce point de son développement bien des changements simultanés se sont produits: la conception primitive des rapports unissant les sexes a été entièrement renversée. Une nouvelle puissance, celle du mari et du père, a remplacé l'autorité primitive de la mère. Les relations des époux ont été modifiées; le pouvoir tutélaire de l'oncle utérin a disparu et celui du père lui a succédé.

Si je me demande comment se sont commandées ces transformations, il ne sera point facile de résoudre la question.

Le côté le plus faible de la nouvelle théorie traitant des origines de la famille, dit avec raison M. Maine, est l'explication qu'elle livre des causes qui amenèrent l'avènement du patriarcat. A ce sujet il y aurait plus d'une objection à faire, plus d'une excuse à donner. On pourrait avancer que les transformations sociales s'effectuent chez les sauvages modernes sous l'influence du christianisme et que, par suite, leurs causes spontanées ne sauraient être facilement découvertes. Mais je préfère m'arrêter à l'explication qui me semble la moins sujette au doute. Le phénomène des mutations qui se sont effectuées au sein de la famille est un phénomène complexe: il se ramène à plusieurs changements consécutifs dont les causes sont distinctes.

Et d'abord il s'agit de connaître quelle influence imprime à son organisme l'agglomération naturelle des hommes au sein d'une même société patriarcale. N'empêcha-t-elle point la continuation ultérieure de la vie en commun? ne produisit-elle pas la dispersion des membres d'un même groupe dans des cercles plus restreints? Un changement pareil fut naturellement introduit par le genre même de l'existence des sociétés matriarcales. Chasseurs ou pasteurs pour la plupart, ces hommes ne purent vivre en commun après que les forêts environnantes eurent manqué de gibier et les terres de pâturages. La disette les força de se séparer. Des hordes se détachent du tronc social et vont plus loin chercher fortune. Ainsi la Bible nous rapporte comment se séparèrent Abraham et Loth. «Loth, lisons nous-dans le chapitre XIII de la Genèse, possédait comme Abraham des brebis, des bœufs et des tentes et le pays ne pouvait les porter pour demeurer ensemble, car leur bien était si grand qu'ils ne pouvaient demeurer l'un avec l'autre.» Alors ils se quittèrent allant l'un d'un côté et l'autre de l'autre.

Des faits analogues se produisent encore aujourd'hui parmi les Peaux Rouges. M. Powell qui les a observés parmi leurs tribus de l'Amérique du Nord, prétend qu'à la dissolution du groupe matriarcal, les couples qui s'en séparent, perdent peu à peu le sentiment de leur commune origine. Les parents de la femme, ses frères, ne la soutiendront plus désormais de leur protection. Aussi finirat-elle par ne plus compter sur leur appui. Le mari qui reste avec elle lui semble le seul recours: c'est de lui qu'elle attendra l'aide nécessaire. Alors l'influence du mari se précise et il parvient à acquérir les droits du tuteur, de «Mundoald» comme disaient les anciens Germains. Du moment où le mari est venu résider à côté de la femme, des relations nouvelles ont du naître entre lui et les enfants qu'elle lui donne. Au lieu et place de l'oncle, le père se chargera dorénavant de les élever et de les nourrir: il devient leur défenseur et leur protecteur. Ils lui rapporteront à lui cette obéissance et cette soumission qu'ils témoignaient naguère à leur oncle utérin. Telle commencera de se développer, à côté de la «manus» ou pouvoir du mari, la «patria potestas» ou pouvoir du père sur les enfants.

Sans doute ces changements s'élaborent avec une extrême lenteur; et le droit coutumier garde fort longtemps les traces de l'ancien ordre de choses: bien que reconnaissant l'autorité du père, les Germains ne cessaient point pour cela de vénérer leurs oncles utérins. Ils vengeaient leur mort, nous dit Tacite, comme ils auraient vengé la mort de ceux qui leur avaient donné le jour.

L'autorité du père sur les enfants et du mari sur l'épouse garde encore, pendant bien des temps, les apparences d'un pouvoir embryonnaire. A la naissance de l'enfant, quelques tribus Peaux Rouges dont l'organisation sociale adopte déjà le patriarcat, les Schaunis, les Miamis et les Delawares, par exemple, font dépendre du choix de l'époux et des matrones voisines le nom du nouveau-né. Lui attribuera-t-on le nom du clan auquel appartient son père, ou celui du clan auquel appartient sa mère? Ce choix décidera le sort de l'enfant. Il sera soumis à la direction exclusive des parents paternels ou à celle des parents maternels selon qu'il portera le nom de l'un ou de l'autre clan. Les Nairs concèdent à la mère le droit de décider qui doit être reconnu père de l'enfant. Même coutume chez les Arabes avant Mahomet. Les écrivains antiques relatent des faits analogues. Chez les Auses éthiopiens, au dire d'Hérodote, la ressemblance physique attribue la paternité. Selon Pomponius Mela les Guaramantes usaient d'un procédé semblable. Nicolas le Damasque affirme la même chose au sujet des Liburnes. En Irlande, avant l'occupation anglaise, le père reconnaissait l'enfant et déclarait s'il le tenait pour son fils.

La puissance paternelle rêvet aux yeux des sauvages un tel caractère de nouveauté que, pour en expliquer la nature, ils recourent à l'analogie. La coutume oblige le père à simuler le travail de l'accouchement: il se met au lit, il geint comme s'il devenait la véritable mère. C'est là l'origine de la coutume de la *couvade* imputée aux Ibères par le géographe Strabon et qui régit encore maintenant leurs descendants directs, les Basques. Répandu de nos jours en Afrique, au Malabar, à Madras, dans l'Archipel des Moluques, cet usage bizarre fut observé par Marco Polo au treizième siècle dans la province du Junnan et, par les auteurs classiques, au pays des Corses, des Cypriens et des Tibarânes qui habitaient les rivages du Pont-Euxin.

Le point culminant de cette évolution de l'autorité paternelle est exprimé par la formule si connue des légistes romains: «*pater est quem nuptiæ demonstrant*». (Celui-là est le père que le mariage désigne comme tel.) L'étape a été longue à parcourir. Si dans l'Inde, le mari sans enfant peut substituer auprès de sa femme un parent et même un étranger, tout en gardant le droit de se considérer comme le père des enfants à venir, il n'en est pas de même dans l'ancienne Irlande. Dans ce pays, le mari dont la femme a été enlevé n'est reconnu père de l'enfant né en concubinage, que s'il le rachète au véritable père. L'époux n'a été reconnu par la loi père de tous les enfants créés par sa femme qu'au jour où la propriété privée fut parfaitement établie. L'épouse lui appartient par droit de propriété et avec elle tous les fruits de ses entrailles. N'est-elle pas son champ (terme employé par les Védas), sa chose; et les produits de l'arbre n'appartiennent-ils pas au propriétaire? A cette conclusion aboutit le développement du droit familial chez la plupart des peuples Aryens, chez les Grecs aussi bien que chez les Indous et chez les Germains. Pour ceux-ci, la loi des allamans fait foi: elle attribue au mari les enfants que sa femme a procréés par un commerce illégitime avec un tiers.

L'autorité paternelle une fois déterminée, le matriarcat cède la place à la famille patriarcale. Nous avons donc atteint le but proposé par cette leçon; et désormais nos recherches se porteront sur les phases du développement de la famille patriarcale. Mais avant de passer outre et d'examiner les différents modes de son organisation, il nous faut revenir un instant en arrière. Nous nous demanderons qu'elle fut la marche progressive du droit de propriété pendant la période que nous venons de parcourir. Nous relèverons ses origines et les différentes étapes qu'elle a fournies, afin de mieux définir les influences diverses qu'elle a exercées sur le développement de la sociabilité humaine.

---

# QUATRIÈME LEÇON.

Il n'est pas de question plus débattue que celle de l'origine de la propriété. Tous les politiciens ont à dire sur elle; et leurs vues diffèrent en raison directe de leurs intérêts.

La propriété dépend des institutions divines, enseignent les prêtres de l'Inde et de la Judée, aussi bien que les docteurs de l'église catholique, les Aegidius Colonna et les Roger Bacon. Ceux-ci introduisent dans la thèse une modification importante: ils proclament le Pape à la fois dépositaire et dispensateur des biens de la terre.

Le véritable principe de la propriété n'est autre que la guerre et la conquête, enseignent à leur tour les défenseurs de la classe guerière et de ses descendants, les nobles. Ainsi, à côté de la théorie de l'institution divine, surgit celle de *l'occupatio bellica,* de la prise en possession par le droit du plus fort.

Comme chef de l'armée conquérante, le monarque joue dans cette théorie un rôle identique à celui imputé au Pape dans le premier système. Ainsi, au dire du jésuite Possevin, les Russes du temps de Jean le terrible considéraient le czar comme l'unique source de toute propriété; et le conquérant normand de l'Angleterre, Guillaume le bâtard, ne parlait de son nouveau royaume qu'en abusant du terme «ma terre, mon domaine, *terra mea, dominium meum.*»

Ce fut seulement au XVII siècle que cette théorie recut une forme plus philosophique. Les ouvrages du contemporain et du compatriote de Cromwell, Hobbes, émirent pour la première fois, en forme de syllogismes suivis, la doctrine moderne. La propriété n'existant pas dans «l'état naturel» et chacun ayant alors droit à tout, c'est l'Etat, dans la personne du premier monarque, qui se manifeste comme le vrai créateur de la propriété. Or celui qui dispensa les biens garde le droit de les reprendre pour l'intérêt universel des citoyens. D'où suit cette conclusion: le droit du monarque sur la fortune de ses sujets est un droit sans limite que nul n'a mission de controler.

Outre ces deux théories primordiales une troisième naquit plus récemment: elle considère le travail comme origine de toute propriété. Une pareille théorie ne pouvait surgir qu'au moment où un groupe de travailleurs libres réussirait à se constituer (industriels, manœuvres, laboureurs).

Dès lors on comprendra parfaitement pourquoi l'antiquité ignorante de toute industrie sauf du labeur servile ne put connaître la théorie du travail, fondement de la propriété. L'émancipation des communes et la constitution d'un tiers état indépendant ont dû s'effectuer bien avant que Locke, et d'autres après lui, eussent proclamé qu'à l'origine de toute appropriation on trouve le libre exercice des facultés créatrices humaines, — le travail. Il ne faut pas croire pourtant que cette vérité ait été complètement méconnue avant le philosophe anglais. Si l'on consulte les chartes des IX:e et X:e siècles on y relevé à chaque page des expressions comme: «ce que j'acquis à la sueur de mon front, par le travail de mes mains; *quod acquisivi sudore, quod acquisivi laborando propriis manibus meis*». Il ne manquait à ce point de vue si juste et si évident que le caractère de règle générale; et ce caractère ne pouvait devenir sien tant que persisterait le principe féodal: «nulle terre sans seigneur». Aussi la coincidence n'est-elle point fortuite, qui marqua l'abolition de la féodalité par Charles II d'Angleterre et l'indication du travail comme source unique de propriété. Une immense révolution venait de s'accomplir dans le domaine des faits; une révolution non moins importante la devait suivre dans le monde des idées.

Le grand penseur anglais que ses adeptes eux-mêmes, à en juger par l'exemple de Thiers, comprirent si mal, ne se dissimulait pas que l'appropriation individuelle manifestée par le travail pouvait souvent entraîner, au profit d'un seul, l'accaparement de choses nécessaires à l'ensemble de la communauté. Aussi jugea-t-il prudent d'atténuer la rigueur de son principe en ajoutant: «tout ce que l'homme a tiré de l'état de nature par son travail et son industrie appartient à lui seul, si toutefois il reste aux autres assez de choses communes semblables et aussi bonnes.»

C'est en négligeant cette grave modification de sa doctrine absolue que les partisans de Locke furent induits à justifier la monopolisation de la terre, des manufactures et du commerce par un petit groupe d'individus. Par là ils resuscitèrent la théorie, toute romaine, du droit, pour le riche, d'user et d'abuser de son bien. Déplorablement interpretée, la thèse de Locke parut la panacée de l'ordre social moderne, et l'argument constant des capitalistes contre les ouvriers. Aussi n'est ce pas surprennant que, reprenant les vieilles rancunes du pauvre et du dépossédé contre le riche, les meneurs du prolétariat aient opposé à cette doctrine si pervertie, la boutade vulgaire: «la propriété c'est le vol». Proudhon ne fit que lui donner son expression la plus hardie et la plus prétentieuse. Le fond de ce qu'on pourrait à la rigueur appeler sa théorie, était connu depuis longtemps. Parmi d'autres, Rousseau avait écrit au siècle dernier: «le premier qui ayant enclos un terrain s'avisa de dire: ceci est à moi, et trouva des gens assez simples pour le croire, fut le vrai fondateur de la société civile. Que de crimes, de guerres, de meurtres, que de misères et d'horreurs n'eut point épargné au genre humain celui qui arrachant les pieux ou comblant le fossé eut crié à ses semblables: gardez-vous d'écouter cet imposteur; vous êtes perdu si vous oubliez que les fruits sont à tous et que la terre n'est à personne.» (¹)

Les théories que nous venons d'examiner, partent également de considérations générales, et non de phénomènes scrupuleusement observés, elles sont théologiques et métaphysiques, et non positives. Il ne pouvait d'ailleurs en être autrement aussi longtemps que la science sociale continuait à s'asservir à la théologie et à la métaphysique au lieu d'être ce qu'elle devient tous les jours de plus en plus une science indépendante, soucieuse du détail, partant de l'observation de l'étude minutieuse des fait. Aussi nous garderons nous d'attacher quelqu' importance à ces théories. Toutefois avant d'instruire notre auditoire de ce que la sociologie moderne enseigne sur les origines de la propriété, nous avons tenu à lui apprendre ou plutôt à lui rappeler comment cette question reste encore controversée de nos jours, comment toutes les solutions qu'on propose visent seulement les intérêts d'une caste ou d'une classe, et combien il était raisonnable par conséquent de ne s'y point trop fixer.

Cela dit, j'entreprends l'étude des phénomènes sociaux qui doivent fonder la théorie nouvelle.

L'ethnographie et l'historie du droit attestent que l'appropriation individuelle du sol et de ses produits n'apparait point aux premiers âges du développement humain. Les peuples les plus arriérés tels que les Botécudes du Brésil, les Dacotas et d'autres tribus Peaux-Rouges de l'Amérique du Nord, les Esquimaux du Groënlande, les Nègres de l'Afrique méridionale, les Caffres et les Zoulous, les Bédouins de l'Arabie et les habitants de la Nouvelle Zélande considèrent la propriété individuelle comme une exception

(¹) Discours sur l'origine de l'inégalité parmi les hommes.

à la règle qui attribue le sol et ses produits à des groupes plus ou moins nombreux de chasseurs et de pêcheurs exerçant leur métier en commun. Les écrivains de l'antiquité narrent des faits analogues. La communauté des biens existait chez les Arabes, d'après Strabon, chez les Vaccéens d'Espagne et les Germains du premier siècle avant l'ère chrétienne, au témoignage de César. Ajoutons la croyance commune aux peuples de l'antiquité évoquant un âge d'or ou la propriété était inconnue, et la tradition si répandue d'un partage du sol fait par quelque personnage moitié historique et moitié mythologique. [1]

Si nous nous demandons les vrais motifs d'un pareil ordre de choses, si nous voulons savoir les causes qui poussèrent nos ancêtres de premières époques, et qui contraignent encore les sauvages à ne se point départir d'un système de communisme plus ou moins prononcé, il nous importera surtout de connaître les plus anciens modes de production. Car la répartition et la consommation des richesses doivent dépendre du mode de les récolter. Or voici ce que l'éthnographie nous enseigne à ce sujet: Chez les peuples chasseurs et pêcheurs, la recherche de la provende se fait ordinairement en horde. Mal armé, sa nudité à peine couverte, l'homme primitif se sent incapable de lutter corps à corps avec des animaux plus forts et beaucoup plus agiles que lui. En Australie, la chasse au kangourou s'opère par bandes formées de quelques dizaines ou même de quelques centaines d'indigènes. De même pour la poursuite du renne dans les régions septentrionnales. La pêche de la baláine ou des grands poissons de mer occupe des familles associées apportant chacune sa part d'engins et de nourriture. Il est avéré que l'homme isolé demeure incapable d'assumer à lui seul la lutte pour l'existence; il a besoin d'aide et d'appui et

---

[1] *Caractère collectif des premières propriétés immobilières* par Violet. — Bibliothèque de l'école des chartes. A. 1872. N. XXXIII p. 474.

ses forces se décuplent sous l'influence de l'association. Or, comment ce qui est vrai de nos jours ne l'eut-il pas été à l'enfance de l'humanité, quand l'individu se trouvait encore moins preparé à la lutte, plus faible d'esprit, et même de corps. Car, il n'en faut plus douter, le civilisé l'emporte sur le sauvage par la vigueur: la somme de travail que peut produire le sauvage n'égale pas la moitié de celle réalisée par nos travailleurs.

Ainsi donc production commune à l'origine; et, comme corollaire naturel et nécessaire, consommation commune. L'ethnographie est riche en faits qui le prouvent. Les Botocoudes, au dire de Marcius, se jettent en commun sur l'animal en battue et ne quittent pas l'endroit de sa chute sans avoir dévoré sa chair. On rapporte le même fait des Dacotas, des Australiens et des Zélandais. Même chez les tribus, où la chasse en commun est sortie de la coutume, cet ancien mode de consommation de la proie persiste dans les mœurs. Les festins réunissent à la table de l'heureux chasseur tous les membres de son clan, de son village et quelquefois même de sa tribu. Dans mes voyages aux régions encore peu explorées du Caucase, il m'advint plusieurs fois de prendre part à de pareils festins. Ce sont là des fètes, pour ainsi dire nationales. En Svanétie, si quelque famille se décide à tuer un bœuf, une vache, ou à immoler quelques dizaines de brebis, les voisins accourent de tous côtés. On mange, on boit et on se divertit ensemble; ensemble on fête la mémoire des parents morts dans le cours de l'année. Ainsi repus, les Svanetes jeûneront des semaines entières, se contentant d'avaler un peu de farine délayée dans de l'eau. Puis survient un nouveau festin organisé en l'honneur d'un saint, d'une chapelle (les Svanetes reconnaissent officiellement le christianisme). A toutes les époques de l'année, se suivent ces jours de jeûnes isolés et de repas pris en compagnie.

En résumé, sa faiblesse tant intellectuelle que physique oblige l'homme primitif à ne produire qu'en commun. Les acquets résultant d'efforts accumulés, leur possession ne peut être individuelle: de là la communauté des biens.

Mais alors comment expliquer la genèse de la propriété privée? La théorie généralement admise, et qui ne peut nous agréer, tâche de soutenir que la propriété dépend de la nature même des choses, ou plutôt de cette observation que l'homme concevant la différence qui existe entre lui et les choses de la nature finit par se les approprier. Cela est bien diffus et bien obscur. Et cependant c'est là ce qu'on sut dire de mieux dans l'école méthaphysique: »Que fera l'homme en face de la nature? se demande le célèbre jurisconsulte Lermina. — Il s'érigera en maître et en propriétaire. Ne reconnaissant pas à ce qui l'environne et l'enserre le caractère qu'il porte lui-même, ne voyant les objets semés autour de lui, ni intelligents ni libres, ils les appellera choses et y mettra la main. Ainsi, conclu-t-il, naît de la personnalité qui se connait le droit sur les choses, la propriété.»

Eh bien non, ce n'est pas ainsi. Ce n'est pas ainsi que l'homme primitif atteint l'idée d'employer à son usage exclusif la pierre taillée qui lui servira d'arme ou la peau de bête qui recouvrira son corps. C'est en appliquant à la production de l'objet ses forces individuelles. Ce silex qui lui sert de hache, il l'a taillé de ses propres mains: En chassant avec des camarades nombreux, il a donné le coup de grâce à la bète et, pour cela, il s'en est approprié exclusivement la peau. Les coutumes sauvages sont précises à ce sujet. Avec un soin minutieux, elles distinguent le cas où deux chasseurs ont atteint l'animal traqué, et elles adjugent sa peau à celui dont la flèche a passé le plus près du cœur. Elles distinguent aussi le cas où la bête déjà blessée succombe aux coups que lui porte un chasseur survenu par hasard. Si la flèche lancée par avance est demeurée dans la blessure la peau est dévolue au premier chasseur; dans le cas contraire elle revient à qui donne le coup fatal. Pour recueillir ces exemples et beaucoup d'autres pareils il suffit de consulter les narrations de voyageurs tels que Sarytschef, Helms, Schoolcraft, décrivant les peuples de l'Amérique septentrionale et surtout les Groënlandais et les Aléoutiens.

L'application du travail individuel engendre donc rationellement l'appropriation privée. Nous pouvons poursuivre ce phénomène à travers l'histoire. Celui qui plante l'arbre fruitier en devient le propriétaire non seulement parmi les tribus barbares mais aussi dans l'ancien droit germanique: quiconque est le premier à découvrir une ruche d'abeilles sera reconnu pour leur propriétaire. Telle est la règle suivie par les anciennes lois de la Suède, la loi de Südermanland qui ne demande à l'acquéreur d'autre preuve de son droit que l'incision pratiquée au tronc de l'arbre où les abeilles ont construit leur ruche. Plus tard, ce sera encore le guerrier, qui, seul de toute la famille pourra user du butin conquis pendant la guerre; ce sera le prêtre qui, à l'exclusion des autres membres de sa famille, recueillera les offrandes apportées par les croyants. Le droit indou l'atteste aussi bien que la coutume des Slaves méridionaux, des Cosaques du Don ou des anciens Irlandais. Et il importe de ne se point méprendre sur le véritable principe d'une semblable appropriation: le résultat d'efforts individuels appliqués à la conquète d'un objet de nature. En effet, dès que s'ajoute à ce principe, le secours des proches, l'aide de la famille et de ses capitaux, le gain ne reste plus personnel; toute la famille doit en profiter. Dans l'Inde par exemple si une bayadère gagne de gros profits, les juges ne manquent pas de déclarer que son éducation s'étant faite aux dépens de la famille, les parents ont droit de partage.

Mais si l'on accepte comme vraie la théorie qui rapporte au travail l'origine de la propriété particulière, il faut se garder de l'exagération qui consiste à prétendre que tout produit de l'effort individuel d'un homme appartient à lui seul. Les faits recueillis par l'ethnographie ne confirment pas une telle supposition. A l'état sauvage et barbare, comme l'épargne lui demeure inconnue, l'homme ne s'approprie que les choses immédiatement utiles. Le surplus, bien que gagné par le travail de ses bras, il le cède gratuitement à d'autres, aux membres de sa famille, de son clan ou de sa tribu. D'ailleurs, agir autrement ne le servirait en rien; car les objets acquis ne correspondent pour la plupart qu'à un usage temporaire et ne peuvent se conserver indéfiniment. On ne comprendrait plus l'économie intérieure des peuplades sauvages, si l'on négligeait cette observation. Car quelle autre origine peut avoir le droit que revendique tout membre de la tribu sur les effets d'autrui, lorsque ces effets restent sans usage. Or ce fait a été rapporté plus d'une fois par les explorateurs du monde sauvage, entre autres par le Père Lafitau, qui remarque que chez les Peaux-Rouges, une grosse part de la venaison se distribue à ceux de la tribu qui en réclament. Parmi les Esquimaux, qui emprunte à autrui une barque ou quelqu'autre chose d'usage, ne s'avoue pas responsable de sa perte. Il ne doit au propriétaire aucun dédommagement. Dans la Nouvelle Calédonie, à l'heure des repas il n'est interdit à personne de venir demander sa part. On retrouve encore des traces de cette solidarité mutuelle, qui caractérise l'enfance de l'humanité, chez des peuples, où la propriété immobilière accepte déjà le caractère de propriété individuelle. Dans les différentes tribus du Caucase, on garde l'habitude de reconstruire à frais communs la maison incendiée d'un concitoyen, et de se cotiser pour fournir au jeune homme ou au veuf pauvres la somme indispensable à l'achat d'une femme. L'énumération dépasserait votre patience, si l'on citait toutes les preuves que narrent les voyageurs sur le souci que les sauvages et les barbares ont de leur bien-être mutuel et l'aisance de leur charité. A ces faits, qui marquent l'existence prolongée d'une sorte de communisme, correspondent d'autres, qui permettent de formuler la règle générale suivante: pour devenir propriété individuelle tout nouvel acquet doit subir la consécration d'un acte symbolique signifiant le désir du propriétaire de le garder exclusivement pour lui. C'est l'origine de la coutume du tabou. Tout effet déclaré tabou et désigné comme tel par un certain signe ne peut être mis en usage par un autre que le possesseur. Et il faut rendre cette justice aux sauvages qu'ils respectent scrupuleusement une pareille interdiction et n'y enfreignent que bien rarement. Une autre manière de rendre inaliénable un objet que l'on tient à réserver pour soi, c'est d'y appliquer la langue et de feindre de le lécher. Ainsi les Esquimaux après avoir acheté la moindre chose, même une aiguille, la portent aussitôt à la bouche.

Si nous cherchons à savoir quels furent les premiers objets qui passèrent de l'état de communauté à celui de propriété individuelle, nous n'en nommerons qu'un très petit nombre: la nourriture, les armes, les ornements et, à une époque plus avancée, les femmes ravies aux tribus voisines. Plus tard encore, quand parut la coutume d'octroyer la vie sauvée aux prisonniers de guerre, les esclaves devinrent un bien important de la propriété particulière, ou plutôt familiale. Dès les premiers essais de domestication des animaux, les chiens, les chevaux, les chats, les bestiaux de labour constituèrent le fond le plus important de l'appropriation individuelle et familiale. La demeure, au contraire tarda fort à dépendre de la propriété privée. En effet les tentes des Esquimaux qui servent d'habitations festivales sont considérées comme biens de famille, et les maisonnettes de bois érigées pour l'hiver appartiennent à tous les constructeurs, c'est à dire a plusieurs familles réunies. Au nombre des objets possédés en particulier il faut joindre les ustensils de travail et le matériel domestique, sauf quelques restrictions: les canots propres à la chasse de la baleine sont propriété commune aux baleiniers. Pour savoir si tel ou tel objet doit être mis au nombre de ceux qui forment la propriété priv-

des sauvages, on fera bien de consulter leurs rites funéraires. Cette observation, à première vue semble être un parodoxe et cependant elle est on ne peut plus juste: c'est que lorsque les sauvages brûlent sur la tombe du défunt tous les effets qui lui ont appartenu sa vie durant, ils nous en apprennent le caractère. Et ce qui est vrai des sauvages se peut affirmer aussi des peuples disparus qui occupent les achéologues. Si, au rapport d'Ibn-Tozlan, la veuve et l'esclave étaient brulés aux funérailles des Russes, de ces Normands ou Varegs qui descendaient le cours du Volga et que l'on considère à tort comme les ancêtres directs de mes compatriotes; si le même phénomène social se constate à l'heure actuelle chez plus d'une tribu sauvage et se pratiquait naguère encore dans l'Inde; c'est que tous ces peuples regardent la veuve et l'esclave comme la propriété privée du défunt. Si quelques peuplades de Costa-Rica abattent les arbres fruitiers que planta l'homme dont on célèbre les funérailles, c'est apparemment que la notion de propriété a été appliquée par eux à ce genre de plantation. Si les mêmes tribus exterminent tout le bétail laissé par le défunt c'est sans contredit parce qu'il lui appartenait en propre. Il faut déduire de là qu'on aurait grand tort de limiter les recherches à quelques points spéciaux de la vie sauvage ou barbare. Des conclusions tout à fait inattendues s'imposent pour peu que l'on approfondisse les coutumes les plus disparates de ces sociétés.

La conclusion qui dérive des fait présentés par cette leçon se peut formuler ainsi. Contrairement à l'opinion générale les meubles, à part quelques exceptions, ont été la propriété collective du même groupe de chasseurs ou de pêcheurs. Ceci résulte de ce que la chasse et la pêche, telles que les pratiquent les peuples les moins civilisés, occupent à la fois plusieurs groupes humains composés de différentes familles ayant un droit égal aux produits du travail commun.

La propriété privée n'a donc pu s'établir que sur les objets dont la production était due à des efforts individuels. Mais cette règle subit une modification importante: les résultats de la production individuelle ne sont reconnus biens privés que s'ils servent aux besoins présents du producteur. Le superflu appartient de droit à tous les membres du même groupe; que ce groupe soit tribu, ou simple agglomération de familles distinctes.

Sous ce point de vue, le principe de la propriété privée ne fait rien moins qu'exclure, lors de son avénement dans l'humanité, toute trace du communisme primitif. Il n'évolue que fort lentement à mesure que se restreint ce communisme. La raison majeure de ces transformations est sans contredit, l'esprit d'initiative privée qui s'éveille et se manifeste dans des faits tels que l'élève du bétail, la plantation d'arbres fruitiers, la construction de demeures particulières etc.

Quand la transition de l'état chasseur à l'état pasteur et agriculteur s'est entièrement accomplie, la propriété mobilière commence déjà à prendre le caractère d'un bien familial, sinon individuel. Ce fait coincide, avec l'avénement de la famille patriarcale. Nous ne serons donc point dans l'erreur, si nous affirmons que l'évolution de la famille patriarcale commence au temps où, des choses de la nature, la terre reste seule indivise.

La constitution de cette communauté agraire occupera nos prochaines leçons; et nous recherchérons les documents qui l'associent à l'organisation du patriarcat. Nous démontrerons comment s'influencent ces deux faits d'un ordre distinct, comment la famille devint une société coopérative, et la terre un bien commun, quelles furent les suites d'un pareil état social et comment s'effectuèrent successivement la dissolution de la communauté familiale et l'établissement de la propriété particulière.

# CINQUIÈME LEÇON.

Seconde période dans l'évolution de la famille — période dite patriarcale. Dans les théories nombreuses qui ont cherché à établir que l'état devait avoir pour type la famille, vu que cette dernière a été le germe dont il est sorti, l'embryon social est représenté comme un simple couple, consistant dans le mari et dans la femme. Les enfants n'en font partie que jusqu' à la majorité, une fois mûrs pour le mariage ils s'établissent en ménages distincts, et deviennent à leur tour le germe fécond de nouvelles souches. Ce qui forme le caractère particulier de la famille antique, telle qu'on se la figurait, c'est l'omnipotence de son chef — le mari et le père. C'est de cette prétendue omnipotence que partaient les partisans de la théorie familiale de l'état, pour établir en principe la nécessité de la monarchie absolue, du pouvoir illimité du roi-père de son peuple. Pour avoir une preuve à l'appui, c'est au droit romain et à la tradition biblique qu'on avait ordinairement recours. Adam et Eve, Abraham et Sarah, Isaac et Rebeca figuraient nécessairement au nombre des faits prouvant l'existence de couples distincts au berceau même de l'humanité. Afin de bien préciser les relations qui liaient entre-eux les membres de ces derniers on ne craignait point d'avoir recours au droit romain et de lui emprunter son fameux texte, donnant droit de vie et de mort (jus vitae necisque) au père de famille. On y recourait d'autant plus volontiers qu'on était persuadé en trouver un exemple dans le sacrifice d'Abraham. Le patriarche israélite une fois doté d'un pouvoir illimité on ne voyait plus pourquoi on ne pourait en tirer parti au profit de la monarchie absolue, car on commençait par déclarer que le premier homme était en même temps non seulement le premier mari et le premier père, mais aussi le premier monarque. Il est vrai qu'à ce monarque il ne manquait qu'une chose, c'était d'avoir des sujets, mais on n'y regardait pas de si près. Telle est réduite à son expression la plus simple la théorie de Filmer, dont les écrits ont provoqué les traités politiques de Locke, occupé d'ailleurs exclusivement à les refuter sur le terrain de la politique, mais partant comme son adversaire de l'idée que la famille patriarcale n'était qu'un simple couple avec un chef tout puissant.

Bien des révolutions politiques ont eu lieu, bien des théories d'état sont tombées en pièces, mais la doctrine que nous venons d'exposer à grands traits, reste encore debout, à l'heure qu'il est. Et pourtant rien de plus faux qu'une semblable hypothèse; rien de plus contraire aux documents ethnographiques et historiques, aux multiples survivances de l'ancienne organisation sociale, aux récits des écrivains de l'antiquité et du moyen-âge. Il a vraiment fallu que toute l'histoire du droit fut réduite à l'étude de la jurisprudence romaine, pour que de puissants esprits comme Hegel fussent amenés à croire que la famille individuelle soumise à l'autorité entière du père et du mari se retrouve dans toutes les législations anciennes.

Ce n'est qu'à partir du moment, où l'étude historique des législations existantes et l'etnographie comparée sont venues prendre place dans l'enseignement des facultés qu'on est arrivé à se demander si la doctrine en honneur était vraiment d'accord avec la généralité des faits positifs; si l'on avait raison de conclure à l'évolution de la famille dans l'humanité, en n'étudiant que son développement dans la société romaine; si ce développement même était bien compris et si l'on ne ferait pas mieux de laisser de côté toute théorie pour revenir à l'étude impréjudiciée des faits. Or voici à quoi ont abouti les recherches sur l'ancien droit de famille dans la plupart des législations aryennes et sémitiques.

Pour ce qui est du droit allemand, qui a été le premier à devenir l'objet d'études spéciales, la conclusion à laquelle on est arrivée est exprimée d'une façon on ne peut plus claire par M. Heuszler. Le savant légiste suisse nous dit à ce sujet ce qui suit: «La famille des anciens germains n'est point l'union de personnes liées exclusivement par le fait du mariage et par l'unité de sang, mais une communnauté d'individus, vivant sous le même toit (une Hausgenossenschaft). Aussi faut il considérer comme membres de la famille non seulement ceux qui sont d'état libre, mais aussi ceux qui dépendent à un degrès quelconque du chef de la communauté (les esclaves, les affranchis). La famille est par conséquent un cercle de personnes, habitant ensemble et reconaissant l'autorité du même chef domestique (sa 'munt).(1) Pour appuyer cette assertion, il suffit de citer le texte si connu de César sur les «consanguinitates hominum qui una coierunt», sur les parentés d'hommes, mangeant à la même table ou celui de Tacite sur les «propinquitates», ou assosiations de parents vivant en commun, ou encore les termes si usités de «confraternitates» (cofraternités) «consorteriae» etc., que les lois des Allemands, des Bavarois, des Burgondes, des Lombards emploient pour qualifier les membres d'un même ménage ou d'une même communauté familiale. Ces communautés se perpétuèrent pendant tout le moyen-âge, aussi bien dans la république de Dithmarschen qu'en Suisse et dans tout le sud de l'Allemagne, où elles sont connues sous

(1) Heuszler Die Institutionen des Deutschen Rechts, VII Das Familienrecht.

le nom de «Pfunds». Récemment encore on en découvrait les traces multiples en Auvergne, dans le département de la Nièvre, sous le titre de «Parçonneries», et, dans la Galice espagnole, sous celui de «companies» (companias da Galicia). Souvent un nombre très considérable d'êtres en dépendent. Ils habitent en commun, leur patrimoine indivis s'administre par le plus ancien ou l'élu, ordinairement assisté d'un conseil composé de tous les membres majeurs.

Le monde slave reconnait la communauté familiale dans ses anciens codes, et continue à la pratiquer dans certaines localités comme une institution vivante. Russes ou Polonais, Serbes ou tchèques, peuvent ressusciter l'époque récente de ces coutumes communistes pratiquées sous l'appellation sudo-slave de «verf» qui reste écrite dans le recueil des lois dalmatiennes, et acceptée par le rédacteur de la «Prawda de Jaroslav», le plus ancien code russe; sous l'appellation de «bratstvo» fraternité, ou «zadruga» coamitié, encore habituelle aux slaves de l'Autriche et de la Turquie; sous celle de »frères et cousins vivant en communion» (in communis) qu'emploie le corpus latin des statuts polonais collationnés par le roi Kazimir au XIV:e siècle.

A l'époque présente on les constate aux environs d'Agram, de Philippopoli, parmi les Serbes, les Bulgares et les Monténégrins.

Que de petites républiques gouvernées encore par le plus ancien et le plus digne de confiance(*), associations coopératives où chacun a sa part de travail assigné et un droit égal à la jouissance de la fortune commune. J'emprunterai à M. Bogisia l'admirable description de ces ruches humaines qui survivent aux choses disparues ailleurs.

En règle générale, les membres d'une communauté sont

(1) V. Helzel I vol. p. 124. Quum omnis dissensionis et discordiae sit mater communis, in qua etiam fratres aut germani existentes, ad rancores seu lites non modicas saepius provocantur .... etc.

parents entre aux et cette parenté s'étend parfois jusqu'à des degrès très lointains. Néanmoins des étrangers peuvent s'introduire dans la communauté par voies de mariage ou d'adoption. Il advient aussi que des vieillards entrent dans l'association lorsqu'ils ont perdu leurs enfants et n'ont plus personne qui les soigne. Bien reçus par les associations serbes, ces vieillards lèguent, en rénumération leur fortune à la Zadrouga (p. 36—92).

Parlons maintenant des devoirs et des droits de chaque membre de la communauté et précisons d'abord la position de son chef, appelé par le peuple serbe le domacin (directeur de la maison). Le chef est ordinairement élu par la communauté. On le choisit parmi les membres agés et mariés. Cette règle a pourtant beaucoup d'exceptions. Malgré la haute estime du serbe pour l'âge mûr, on nomme souvent des hommes jeunes, dont le caractère énergique et honnête, les talents et la volonté ferme sont connus et éprouvés. Le domacin préside les assemblées de famille et représente la communauté dans toutes les affaires extérieures et vis à vis des autorités publiques. Il administre les biens de la famille qui s'est mise sous sa garde, de sorte que nul ne peut disposer des objets, ayant une certaine valeur sans sa permission. C'est lui qui a la gestion de l'argent commun et qui doit pourvoir au nécessaire de la maison. Il est responsable de toutes les dépenses. Il peut vendre ou acheter, de sa propre autorité des objets de petite valeur. Pour des opérations plus importantes, il lui faut le consentement de la communauté. Dans mainte localité le chef a le droit de vendre les biens meubles, mais jamais les immeubles. Quand le chef agit contre les intentions de la communauté, ses associés peuvent le destituer, mais dans ce cas le consentement de tous est nécessaire.

Après le chef de famille c'est la «domacica», la maitresse de la maison, qui reçoit les plus grands honneurs dans la communauté. La domacica est ordinairement la femme du domacin. Dans plusieurs contrées, les femmes ont le droit de nommer elles-mêmes la domacica; mais l'élection doit être confirmée par le conseil de famille. Les droits et devoirs de la domacica se concentrent dans l'intérieur de la maison. Elle est tout naturellement à la tête du ménage. C'est elle qui distribue le travail aux femmes de la communauté. Elle maintient l'ordre et s'interpose dans les querelles, on la consulte sur le mariage des filles et elle a même quelquefois voix décisive dans cette question. — Exposons maintenant les droits des simples associés de la «zadruga». Ils participent tous également aux biens communs Chaque membre a sa quote-part des bénéfices et le droit d'être nourri, logé et habillé par l'association. Le droit de vote dans le conseil de famille appartient à tous les membres majeurs indistinctement. Le conseil de famille s'assemble ordinairement après le repas du soir. Le chef parle le premier. Il rend compte de ce qu'il a fait, il développe ses projets pour l'avenir et il énumère tout ce qu'il convient d'entreprendre. La discussion s'ouvre ensuite, et, quand tout le monde est d'accord, les ventes et les achats faits par le domacin sont ratifiés et l'on adopte le programme exposé par le maître de la maison. On voit par là que le conseil de famille restreint considérablement le pouvoir du domacin, qui est forcé de le convoquer toutes les fois qu'il s'agit de vente ou d'achat, d'emprunts faits aux étrangers, de partages partiels ou définitifs, de la nécessité de censurer la conduite de tel ou tel membre de l'association, ou de prendre une décision qui concerne les relations extérieures de la famille, en un mot dans toutes les questions importantes.[1] Il y a une dizaine d'années, on ignorait complètement l'existence de communautés familiales pareilles à celles des Serbes parmi les paysans de la grande Russie. Lorsque je fis mon premier

(1) Voyez «Le droit coutumier des slaves méridionaux» d'après les recherches de Mr Bogisic (Revue de législation ancienne et moderne 1876).

rapport sur ce genre de communisme, le président de la société des légistes russes, un illustre slavophile, M. Leschkof, ne put se contenir et proclama hautement que jamais hypothèse plus absurde n'avait été émise devant la société, car, disait-il, il appartient à l'évidence que la communauté familiale caractérise la coutume sudo-slave, comme la communauté rurale caractérise les paysans de la grande Russie. Or, à l'heure présente, il serait difficile, je dirai même impossible, de rencontrer un légiste russe de valeur qui ne reconnaisse avec moi que la communauté familiale aussi bien que la communauté rurale constituent le fond même du droit coutumier du peuple de nos campagnes. Les observations locales recueillies ces dernières années dans les gouvernements de Koursk, de Saratov et d'Orel confirment amplement la thèse générale que j'ai énoncée.

Des communautés familiales consistant parfois en une cinquantaine d'individus vivant au même pot au feu ont été découvertes dans la région du Volga, dans celles du Don et du Volchov; c'est ordinairement le plus âgé, quelquefois aussi le plus capable qui gère la fortune commune, les questions importantes n'étant résolues d'ailleurs que d'un commun accord par tous les membres de l'association.

Nous nous bornerons à mentionner l'existence de communautés identiques chez les Celtes de l'Irlande qui les dénommaient «fines» (¹) et nous aborderons aussitôt la question capitale de savoir si les sociétés mères des peuples Aryens, celles des Indous et des Perses, présentent une organisation pareille à celle précédemment décrite.

Le Rig-Veda et l'Avesta, ces premiers monuments de la littérature aryenne, nous fournissent des détails précieux. Outre la tribu, le «jana» du Rig-Veda et le «zantu» de l'Avesta, ces deux recueils mentionnent encore la *gens* (vic)

---

(¹) Cette question a été habilement traité par M. Maine, Early history of Institution.

et la société des proches parents, le «janmana». La cohabitation de leurs membres en est le signe distinctif. Les codes indous admettent deux groupes de parenté qui reviennent aussi dans l'ancienne société hellénique. L'un se compose exclusivement des plus proches parents, les «sapindas» qui correspondent aux «anchisteis» des Grecs. Le devoir principal de ces parents semble être le sacrifice du pain et de l'eau offert aux mânes des ancêtres. On nous les montre vivant sous le même toit et prenant ensemble la même nourriture. Le groupe opposé, les «samandos», les «anepsiadoi» des Hellènes, prennent une moindre part au sacrifice et habitent séparément. Un des plus anciens codes de l'Inde enumère les êtres qui appartiennent au premier groupe des parents associés: le bisaïeul, l'aïeul, le père, le fils, le petit-fils et l'arrière-petit-fils; ce qui donne le nombre de parents qui, au cours d'une seule génération, peuvent se connaître. La communauté familiale des sapindas a pour chef le plus âgé; elle possède en indivis des biens-fonds et des meubles, des ateliers et des capitaux. Le chef dispose de tout, régulièrement de l'avis commun. Les propriétés acquises en dehors de l'association, mais à l'aide de ses capitaux, lui reviennent en partie: l'acquéreur lui en livre un tiers et garde les deux autres tiers.

Des études recentes sur l'organisation ancienne de la famille chez les Romains confirme notre théorie. Jhering et Mommsen démontrent que, sous les rois et aux premiers temps de la république, les Romains gardaient les vestiges d'une communauté familiale composée de membres habitant la même demeure. Le père, la mère, les enfants des deux sexes, les arrière-petits-fils et les arrière-petites-filles, formaient en Italie le groupe des «sui». Les Institutes de Justinien les désignent comme des personnes qui, du vivant du père (*vivo quoque parente*), sont estimées «*quodam modo domini*», c'est-à-dire co-propriétaires. Voilà qui diffère bien de ce couple du mari et de la femme accru des enfants mineurs, où le père seul possède des droits, tandis que les autres membres n'accomplissent que des devoirs. Ainsi l'évolution de la famille romaine rentre dans la loi générale, et subit la transition de la communauté matriarcale à celle que commande le mari et le père, sans pourtant interdire une certaine indépendance aux membres subalternes.

Notre conclusion déterminera donc que la famille patriarcale, seconde étape de l'évolution sociale, revêt l'apparence d'une communauté de personnes apparentées par la descendance d'un même père, vivant sous un même toit, et gérant leur fortune en commun.

Il importe maintenant d'étudier cette organisation sociale si étrange à nos yeux sous deux aspects distincts : celui d'une association religieuse de plusieurs êtres pratiquant le même culte des ancêtres, et celui d'une association coopérative administrant des biens en commun.

La prochaine leçon pourvoira à cette nécessité.

# SIXIÈME LEÇON.

On serait étonné d'entendre dire de nos jours que les familles sont autant de sociétés religieuses distinctes, possédant leurs propres divinités et exerçant leur propre culte. Et pourtant chez les classes inférieures, dans la pratique quotidienne de la vie, plus d'un trait nous prouve encore l'existence d'une croyance naïve aux âmes des ancêtres et à leur rapport constant avec les vivants. Dans les familles villageoises du Tyrol, de l'ancienne Bavière, du Palatinat supérieur et de la Bohème allemande, les paysans catholiques, dit Mr Buchholz, prennent pendant toute l'année les mesures nécessaires et les plus attentives pour assurer le bien-être de leurs morts. A cette fin, les restes du repas sont recueillis journellement et jetés au feu le samedi de chaque semaine; ils sont destinés à la nourriture des défunts. Quand la mère s'occupe de pétrir le pain de la maison, elle jette ordinairement un peu de farine derrière elle, et un morceau de pain cuit est régulièrement livré aux flammes. De même, quand elle cuit des pâtés, elle ne manque pas d'en jeter un au feu. Le soir de la Toussaint, des lumières restent allumées toute la nuit. On a soin de laisser ouverte une porte ou une fenêtre afin de permettre aux âmes des morts, aux petits anges, comme parfois on les nomme, de venir se régaler. (1)

(1) Buchholz, Deutscher Glaube und Brauch.

Rapprochez de ces faits, encore si indécis, les usages beaucoup plus caractéristiques des populations agricoles de la Russie et du monde slave en général. Nous voulons faire allusion à l'esprit domestique (au «domovoy»), le «tomten», suédois, veillant sur la maison et sur ses habitants, sans en excepter les animaux; — esprit ordinairement bienveillant, à la condition d'être choyé, et qui se manifeste, dans le cas contraire, rancunier et vindicatif. Etudiez surtout par quels rapports très étroits il demeure lié au foyer domestique; on doit, pour cette raison, en cas de changement, le transporter avec beaucoup de cérémonies dans la nouvelle demeure. Notez aussi ce fait, que seul, le domovoy domestique est censé se comporter en ami. Les domovoys étrangers sont au contraire jaloux et dangereux.

Pour se trouver en présence de ce culte familial à l'état de parfait développement, pour le connaître jusque dans ses moindres détails, il faut parcourir les nombreux écrits que l'érudition russe a fait paraître, ces dernières années, et qui ont pour sujet la description des rites et coutumes encore existantes parmi les nationalités si nombreuses qui forment l'empire des czars. Pour en donner une idée, je me contenterai de résumer en quelques mots mes études personnelles sur le culte familial des montagnards du Caucase, spécialement des Ossètes et des Pschavs. Ces deux nationalités si distinctes, l'une aryenne, l'autre géorgienne, ont subi à un degré presqu'égal l'influence de la civilisation iranienne. Arrêtée à son origine, leur évolution sociale garde encore, sous bien des rapports, l'empreinte de cette action intellectuelle, en sorte que leurs rites et leurs coutumes peuvent être considérés comme le meilleur et le plus parfait commentaire de l'Avesta.

Comme le paysan du Tyrol ou de la grande Russie, l'Ossète ne croit point que la mort produise un anéantissement complet de l'existence. La vie future, la vie des âmes continue la vie terrestre. Les morts, de même que les vivants, ont besoin de nourriture, de chauffage et de lumière. Tous ces éléments de bien-être, les vivants doivent les leur procurer. Aussi les Ossètes s'empressent-ils de partager avec les âmes les bienfaits de leur propre existence. Pendant toute l'année qui suit la mort du mari, la veuve prépare son lit et apporte tout ce qui pourrait servir à sa toilette comme s'il allait venir, ou comme, si invisible, il assistait à ces préparatifs. Tous les vendredis, elle visite la tombe du défunt et y apporte le manger et le boire pour la semaine. Pendant le carême, quand se célèbre l'office des morts, on fabrique un mannequin, on le fait asseoir à table et on lui sert du gruau et de l'eau-de-vie. L'homme récemment décédé n'est pas seul fêté de la sorte. Sept fois par an, on invoque aussi la mémoire de ceux qui ont quitté le monde depuis longtemps déjà. Tous les parents invités au festin mangent et boivent plus que de coutume, dans l'éspérance que les morts profiteront de l'excès de nourriture et de boisson. La nuit qui précède le nouvel an, on allume aussi des brasiers de paille, dont le nombre doit correspondre à celui des ancêtres vénérés. Le chef de la maison prononce à cette occasion les paroles suivantes: «que la part de votre feu ne s'éteigne point, o morts chéris, et qu'il vous soit donné d'être bien éclairés». La plus grande offense qu'on puisse adresser à un Ossète consiste à exprimer le vœu que ses défunts manquent de nourriture. Aussi les Ossètes ont-ils l'habitude d'invoquer leurs morts, en disant «que personne ne s'empare des mets qui vous sonts offerts; mais vous pouvez les partager librement avec les défunts de votre choix». Bien nourris et bien chauffés, les ancêtres deviennent les esprits tutélaires des membres vivants de leur famille. C'est à eux qu'on doit le bienfait des récoltes abondantes, et la multiplication rapide du bétail. Volontiers aussi ils prêtent leur secours contre les divers ennemis que peut redouter une famille. Plus d'un malheur survenu à ces derniers a été attribué à l'influence néfaste des esprits. Les étrangers ne sont pas les seuls à les craindre. Leur colère menace ceux des parents qui n'accomplissent point les devoirs vis-à-vis des morts, et les laissent manquer de nourriture et de boisson. Les maladies des hommes et des bêtes, les malheurs arrivés en route, la mauvaise réussite des affaires n'ont souvent aux yeux des montagnards d'autre cause que la rancune du défunt. Aussi cette crainte force-t-elle les Pschavs à implorer souvent celui dont ils ont perdu la mémoire, afin qu'il consente à partager avec les autres les offrandes des vivants et à ne point leur devenir néfaste si on lui manquait involontairement d'égards.

On rapporterait sans fin des détails vraiment curieux sur ce culte, si contraire à la religion mahométane et au christianisme, qu'affectent de reconnaître les hommes de ces tribus.

Selon nous, le peu que nous en avons dit suffit à faire comprendre l'origine des nombreuses prescriptions de l'Avesta sur les devoirs des vivants vis-à-vis des «fravashis» ou esprits et de ces derniers vis-à-vis des vivants. L'Avesta nous représente ces «fravashis» comme étant généreux, braves, miséricordieux, puissants, forts, et en même temps légers comme l'air. Leur préoccupation constante est de savoir qui leur présentera des offrandes, qui leur fournira assez de nourriture, pour qu'ils ne puissent jamais en désirer vainement. La bénédiction qu'ils donnent aux parents qui leur sont dévoués est conçue dans ces termes: «Qu'il y ait toujours dans sa maison des troupeaux d'hommes et de bétail, qu'il soit en possession d'un cheval tranquille et d'un char solidement construit; qu'au sein de sa famille les hommes sachant adorer Dieu, gouverner le peuple et accomplir des sacrifices, ne viennent jamais à disparaitre.»

Le culte des ancêtres une fois étudié en détail chez les tribus qui le pratiquent encore de nos jours, nous arrivons à comprendre l'origine, non seulement des rites et usages que présente la vie journalière du peuple des campagnes, mais aussi des prescriptions nombreuses concernant les devoirs des vivants envers les trépassés que renferment à profusion les recueils d'anciens hymnes, tels que le Rig-Véda, les épopées populaires des Grecs, les écrits des prosateurs, des poètes et des légistes de l'antiquité.

Quant au culte des ancêtres dans le monde hellénique et romain, il serait difficile d'en citer une chose que n'ait commentée M. Fustel de Coulanges dans un ouvrage resté classique: «Le culte des morts, écrit l'éminent auteur de la «Cité antique», ne ressemblait en aucune manière à celui que les chrétiens ont pour les saints. Une des premières règles de ce culte était qu'il ne pouvait être rendu par chaque famille qu'aux morts qui lui appartenaient par le sang. Quant au repas funèbre qui se renouvelait ensuite à des époques déterminées, la famille seule avait le droit d'y assister et tout étranger en était sévèrement exclu. Le culte des morts était uniquement le culte des ancêtres. Lucien, tout en se moquant des opinions du vulgaire, nous les explique nettement quand il dit: Le mort qui n'a pas laissé de fils, ne reçoit pas d'offrandes, et il est exposé à une faim pérpétuelle. Il suivait de là qu'en Grèce et à Rome le fils avait le devoir de faire les libations et les sacrifices aux mânes de son père et de tous ses aïeux. Manquer à ce devoir était l'impiété la plus grave qu'on pût commettre, puisque l'interruption de ce culte faisait déchoir les morts et anéantissait leur bonheur. Cette négligence n'était pas moins qu'un véritable parricide multiplié autant de fois qu'il y avait d'ancêtres dans la famille. Si au contraire les sacrifices étaient toujours accomplis suivant les rites, si les aliments étaient portés sur le tombeau aux jours fixés, alors l'ancêtre devenait un dieu protecteur.

«Hostile à tous ceux qui ne descendaient pas de lui, les repoussant de son tombeau, les frappant de maladies s'ils approchaient, pour les siens il était bon et secourable. Il y avait un échange perpétuel de bons offices entre les vivants et les morts de chaque famille. L'ancêtre recevait de ses descendants la série des repas funèbres, c'est-à-dire les seules jouissances qu'il pût avoir dans sa seconde vie. Le descendant recevait de l'ancêtre l'aide et la force dont il avait besoin dans celle-ci. Le vivant ne pouvait se passer du mort, ni le mort du vivant. Par là un lien puissant s'établissait, dit avec raison M. Fustel, entre toutes les générations d'une même famille et en faisait un corps éternellement inséparable.» (¹)

Ce que l'auteur ne dit pas et ce qui vaut la peine d'être mentionné, c'est qu'au fils de famille célébrant le culte des morts se joignaient encore tous les parents, habitant sous le même toit. Les Romains n'avaient point de terme pour les distinguer des autres parents, menant une existence séparée, mais les Grecs les connaissaient sous celui d'«anchisteis»; et la même chose peut être constatée chez les Indous comme nous aurons l'occasion de le dire à l'instant. Car le culte des ancêtres connu des Romains sous celui de «dieux mânes ou pénates» et des Grecs sous celui de «génies», n'était point ignoré dans l'Inde antique. Les adorateurs d'Agni et plus tard de Brahma étaient en même temps ceux des «pitris», esprits tutélaires de la famille. Le Rig-Véda, de même que Manou recommandent de leur offrir des gâteaux de riz et un breuvage fait avec le suc de la plante «somma», dont les effets étaient enivrants. Le premier devoir incombe exclusivement à ceux qui vivent en communauté familiale (les sapinda); le second revient à tous ceux qui sont unis au défunt par les liens du sang à tous les degrés (les samanadose). L'officiant est toujours le descendant le plus direct; aussi les ancêtres sont-ils censés exprimer constamment ce vœu: «Puisse-t-il naître successivement de notre lignée des fils qui nous offrent dans toute la suite des temps le riz bouilli dans du lait, le miel et le beurre clarifié.» (²)

(¹) La Cité antique, 2^me^ édition, p. 86.
(²) Lois de Manou (III 138 et 274).

On se demande si le culte des ancêtres, si répandu parmi les tribus aryennes, ne doit point être considéré comme leur étant exclusif. Y aurait-il moyen d'en retrouver quelques traces dans d'autres familles humaines, les sémites, les touraniens, enfin les barbares et les sauvages qui peuplent encore notre globe? M. Lenormant, qui a traité la première question dans un mémoire spécial sur l'Yémen avant l'avènement de Mahomet, la résout dans un sens affirmatif. «Les ancêtres, dit-il, sont invoqués par les Arabes dans la même intention et à un même degré que les divinités du ciel.»

M. Goldziher, dans un mémoire spécial consacré à la question du culte des morts chez les Arabes, établit d'une façon incontestable les faits suivants. Les Qoréjsites de l'époque païenne avaient coutume de jurer par leurs ancêtres, ce que Mahomet dut interdire. — Chez certaines tribus arabes, les tombeaux des ancêtres semblent avoir bénéficié d'une considération particulièrement solennelle. «N'offre point de sacrifices aux 'nucub' ou 'ançab'; tel est l'ordre donné par le prophète.» Or les nucub ou ançab étaient des pierres dressées auprès des tombeaux et auxquelles les Arabes païens vouaient un culte spécial. Ces tombeaux gardaient le privilège d'asiles inviolables. Des sacrifices y étaient accomplis. Dans les temps anciens, les Arabes avaient coutume, toutes les fois qu'ils passaient auprès d'un tombeau célèbre par la générosité et la magnanimité du mort, de sacrifier une bête de somme en l'honneur du défunt et de la servir à leurs gens. Bien plus fréquents que ces hommages exceptionnels sont les sacrifices d'une ou de plusieurs victimes, sur la tombe du défunt, immédiatement après son enterrement. Aux obsèques du vice-roi d'Egypte, Mahomed Ali, on a égorgé quatre-vingts buffles. La coutume antique choisissait pour victime en pareil cas le chameau. (1)

(1) Voyez «Le culte des ancêtres et le culte des morts chez les Arabes», par Goldziher» dans la Revue de l'histoire des religions, tome X. N. 3, année 1884, p. 332.

Quoique le mahométisme, en tant que culte, essentiellement monothéiste, soit contraire à la survivance de cet ancien paganisme, la coutume consacrée en quelque sorte par les siècles parvient à dominer tous les scrupules. Aussi, parmi les partisans les plus ardents de la loi du Koran, tels que les tribus du Daghestan qui, encore récemment, sous Schamil, s'opposaient avec violence à la puissance russe, l'on découvre un respect superstitieux des tombeaux appartenant aux hommes qui s'étaient distingués durant leur vie par leur conduite pieuse, et qu'on appelle «scheiks». Plus d'une fois à l'époque de mes courses à travers ce pays, j'ai été forcé de m'arrêter pour donner à mes guides musulmans le temps de prier devant un de ces tombeaux indiqués de loin par un pieu planté en terre et orné de torchons de toutes les couleurs. Les mêmes rites sont encore en vigueur chez les Bédouins, d'après le récit qu'en fait le voyageur anglais Palgrave.

Quant aux Juifs, leur ancienne croyance aux esprits (aux «elohims») est décrite de la façon suivante par M. Renan dans son récent ouvrage sur l'histoire d'Israël: «Le monde, pour le sémite nomade, est entouré, pénétré, gouverné par les 'elohim', myriades d'êtres actifs, fort analogues aux esprits des sauvages». Parmi ces esprits multiples, il en est certainement qui ne représentent que les âmes des ancêtres divinisés. Dans le Deutéronome, l'homme qui fait à Iahvé l'offrande des premiers fruits dit «qu'il n'en a point donné aux morts». Une semblable parole serait inexplicable, si elle ne témoignait de l'existence d'une ancienne coutume que les adorateurs de Iahvé sont appelés à délaisser. Cette coutume paraissait d'ailleurs fort vivace, car nous apprenons dans le livre de Samuel (c. XIX, 13) que David et sa femme Mikal, fille de Saül, gardaient encore chez eux des «teraphim» sculptés, qui jouaient le rôle de dieux domestiques.

Quant aux civilisations touraniennes, nous pouvons citer la Chine, dont la plus ancienne religion, exclusivement consacrée au culte des ancêtres, nous force à ne point douter de l'existence et de l'efficacité de ce culte dans la race jaune. «Aussi longtemps que vivent les parents, on doit, d'après la doctrine du Hsia-King, un des codes les plus anciens de la Chine et toujours encore en vigueur sur ce point, les traiter comme des dieux terrestres, les entourer du plus grand respect, les soigner quand ils sont devenus âgés, les pleurer quand ils sont morts.» Cette communauté de vie entre les membres d'une même famille doit se poursuivre, nous dit un historien récent de la religion chinoise, M. Julius Happel (¹), jusqu'au delà de la mort, sous sa forme la plus sensible. Tous les événements importants de la famille sont communiqués aux défunts, en particulier tout changement dans la propriété ou dans le droit possessionel des ancêtres. Le rapport entre les défunts et les vivants marque son expression la plus solennelle dans les agapes que les vivants offrent annuellement aux morts. La fête comporte deux parties essentielles: l'une, un véritable repas funéraire qui occupe le premier jour, l'autre un repas des vivants qui a lieu le jour d'après. Au repas funéraire, des alliés choisis s'asseyent à table en qualité de représentants des chers défunts. Ils prennent en silence les mets offerts aux morts chéris, mets préparés spécialement à cet effet et consistant surtout en millet et en boissons spiritueuses fortement parfumées. Tandis que les représentants reçoivent les démonstrations d'honneur qui reviennent aux défunts, ceux-ci sont censés être revenus en eux et participer avec eux au repas. Après le banquet, celui qu'on appelle «le serviteur des morts (Todtenknabe), un personnage désigné pour leur organe, déclare qu'ils ont accueilli ces hommages reconnaissants des vivants et qu'ils continueront de les bénir, à la condition qu'on n'oublie jamais l'amour et le respect dû aux défunts».

(¹) Revue de l'histoire des religions. Paris 1881. N. 6, p. 272.

Restent les tribus barbares et sauvages de l'ancien et du nouveau continent. Mais prouver l'existence chez elles d'un animisme plus ou moins prononcé et paraissant dans le culte des ancêtres, ce serait refaire le travail de Tylor, de Lubbock et de Spencer. Après les ouvrages précités, il ne peut plus exister de doute sur son existence; et il ne reste encore à discuter que son exclusivisme prétendu et son efficacité à devenir le germe de tous les autres cultes distincts. Nous ne sommes point partisans de cette dernière théorie, mais nous reconnaissons comme incontestable la haute antiquité et l'ubiquité presque universelle du culte des morts. Je dis presque, car, pour que ce culte arrive à se former, il faut que la famille patriarcale soit établie et les pouvoirs du mari et du père déterminés d'une manière distincte. Or, nous venons de l'apprendre, tel n'est pas le cas de plusieurs tribus sauvages qui ne connaissent de liens durables que ceux de la mère et de son enfant, et d'autre filiation, hor mis celle par les femmes. M. Fustel soutient donc avec raison que le trait distinctif du culte des ancêtres tient à ce qu'il «se propageait seulement de mâle en mâle. Régulièrement, la femme ne pouvait y participer sans l'intermédiaire de son père ou de son mari, et enfin, après sa mort, la femme n'avait pas la même part que l'homme au culte et aux cérémonies du repas funèbre.» [1]

Le culte des ancêtres est par conséquent attaché d'une façon indissoluble à l'existence même de la famille patriarcale, il naît avec elle et devient à son tour une des causes de sa stabilité à travers les siècles.

Le culte des ancêtres, si universel et si ancien, avait un centre et ce centre, n'était autre que le foyer domestique. Deux causes contribuèrent à produire ce résultat: D'abord l'habitude d'ensevelir ses parents dans les environs même du foyer, habitude qui se retrouve encore en Chine; ou d'en-

(1) La cité antique, p. 40.

tourer ce même foyer de leurs images — témoin les Etrusques; puis l'idée qu'on se faisait du feu, comme intermédiaire direct entre les vivants et les morts; cette relation ne trouvant d'autre expression que dans l'offrande ininterrompue de la nourriture, et cette nourriture ne devenant l'aliment de l'ancêtre qu'à condition d'être dévorée par les flammes. Aussi est ce le foyer qui, dans toutes les sociétés aryennes, demeure la partie la plus sacrée de la maison. Chez les Ossètes, comme aussi chez un grand nombre d'autres peuplades caucasiennes, les Svanètes, les Pshavs, les Chevsurs, les Tuschins etc., les actes les plus importants de la vie sont accomplis devant lui. La nouvelle mariée est contrainte par la coutume de faire trois fois le tour du foyer en société de son époux. Le garçon d'honneur qui les accompagne frappe chaque fois de son poignard la chaîne qui retient la chaudière familiale, cette chaîne empruntant au foyer son caractère de sainteté! Quand l'Ossète est appelé en témoignage, c'est par ses ancêtres, par son foyer, ou par la chaîne du foyer qu'il prête serment. Un fugitif quel qu'il soit devient l'hôte sacré de la maison, s'il est venu s'asseoir au foyer et s'il en a touché la chaîne. On a vu plus d'une fois le meurtrier trouver ainsi un refuge au sein de la famille de sa victime. Cet acte le rendait inviolable aux yeux des parents mêmes du malheureux tombé sous ses coups. Dans l'ancien Iran, le foyer était appelé «maître de la maison (nmäno-paiti) et le même sens s'attache au mot que les Indous employaient pour le désigner. En Grèce et à Rome, comme aussi dans la Germanie, le foyer était le lieu où se réunissait ordinairement la famille. Les images des ancêtres l'entouraient de tous côtés. Le feu devait y être entretenu d'une façon ininterrompue, comme symbole de l'éternité de la famille. Le foyer, selon l'Avesta, est la cause première de l'aisance de la famille, il augmente son avoir, soutient la vie de ses membres, fait naître dans son sein des fils robustes; mais tout cela à condition d'être constamment entretenu de bois, provenant de coupes accomplies selon des cérémonies religieuses. Même croyance dans l'Inde Védique où le feu était imploré sous le nom d'Agni «O Agni», lisons-nous dans un des hymnes, «tu es la vie, tu es le protecteur de l'homme. Pour prix de nos louanges, donne au père de famille qui t'implore, la gloire et la richesse, fais que la terre soit toujours libérale pour nous. Que je jouisse longtemps de la lumière et que j'arrive à la vieillesse comme le soleil à son couchant.»

Le feu doit être rallumé à certaines époques, à l'aide d'une bûche embrasée qui, selon l'Avesta, devait provenir du foyer de la commune. A Lemnos, en Grèce, on allait chercher le feu bien plus loin. Un navire l'apportait tous les ans de l'ile de Delos. Tous les feux s'éteignaient et on les rallumait à l'aide de la braise nouvelle. Des vestiges d'une coutume semblable se retrouvent au moyen-âge en Allemagne, à Marbourg, et dans la basse Saxe, où, une fois par an, on rallumait le feu, en le produisant par l'ancien mode de frottement de deux morceaux de bois. Tous ces rites étaient accomplis dans le même but et dans la même intention de purifier le feu familial que l'attouchement d'objets ou de personnes impures avait pu profaner. (¹)

Si nous voulons pénétrer la cause mystérieuse de toutes ces observances, si nous tenons à retrouver les origines mêmes du culte des ancêtres et du foyer domestique, c'est à la croyance à une vie future, à une existence d'outre-tombe qu'il faudra en demander le secret. Cette croyance est non moins répandue que le culte qui en dérive. Parmi les sauvages de l'ancien et du nouveau monde, comme parmi les tribus aryennes, on trouve au fond la même idée, celle que la mort n'est point le terme de l'existence, que le dédoublement de notre être, formé d'âme et de corps, est la cause de la vie prolongée au delà de la tombe. Seulement cette

(¹) Geiger. Ostiranische Kultur im Altertum.

seconde vie comme la concevaient nos ancêtres les plus reculés, n'a rien de commun avec l'idée qu'on s'en fait de nos jours. Le paradis, le purgatoire et l'enfer des catholiques, de même que les «champs élysées» et le «tartare» des peuples de l'antiquité supposent nécessairement dans ceux qui y croient un esprit de généralisation et un développement du sens moral que l'enfance de l'humanité ne pouvait posséder. «D'après les plus vieilles croyances, ce n'était pas dans un monde étranger à celui-ci que l'âme allait passer sa seconde existence; elle restait tout près des hommes sous la terre». Dans le cas où il n'a point trouvé de sépulture, le génie du défunt continue à errer sur la terre et apparait le plus souvent la nuit comme revenant. Aussi l'inhumation est-elle considérée comme un devoir sacré envers les parents, et les anciens regardaient comme des criminels ceux qui n'avaient point enterré leurs morts.

Si on se demande quelle existence était attribuée aux défunts par les plus anciennes traditions, on sera forcé de reconnaître que c'etait la même que celle des vivants. Ce qui le prouve, c'est la coutume de placer dans le tombeau, à côté du défunt ses armes et les outils de pêche et de chasse, dont il avait l'habitude de se servir, et d'inhumer même souvent avec lui son cheval, ses esclaves, et quelquefois sa femme. Cette dernière coutume est loin d'être exclusivement celle de l'Inde. Les recherches archéologiques, produites dans maint endroit et spécialement en Russie, confirmèrent le témoignage des écrivains, tels que l'arabe Ibn Fozlan, qui prétend que les peuples descendant dans leurs bateaux le cours du Volga, — peuples qu'il désigne du nom de «Russes» et qui pourraient bien être en effet mes ancêtres, à moins d'être, comme il me parait plus probable, les vôtres, c'est à dire des Varegs ou Scandinaves, — brûlaient la veuve sur le même bûcher que celui qui dévorait le corps de son mari défunt. On a retrouvé en Russie dans bien des tombeaux des ossements de femme à moitié calcinés, et ordinairement disposés par dessus la place, occupée par le défunt. Ces ossements pourraient bien représenter les restes de la cérémonie religieuse accomplie sur la tombe du mort et dont le supplice de la veuve faisait partie. Certaines tribus sauvages pratiquent encore des rites semblables. Le tout pris dans ~~les~~ son ensemble maintient l'hypothèse, qu'à son enfance, l'humanité voyait dans la vie future la continuation de la vie présente. Toute pensée de rémunération ou de châtiment, par exemple, celle de la béatitude éternelle pour les bons et de peines sans fin pour les méchants, parait lui avoir été complètement étrangère. Le dualisme de paradis et d'enfer semble dépendre d'une origine plus récente. Il est non seulement inconnu à nombre de tribus sauvages et barbares, mais les hébreux eux mêmes l'ignoraient à l'époque la plus reculée de leur histoire. Le «scheôl» ou la résidence des morts leur apparaissait avec le caractère d'éternelles ténèbres, placées dans les profondeurs de la terre, où bons et mauvais passaient également leur existence. (1)

Nous terminerons notre apperçu par un résumé succinct des ses principaux résultats. Ceci s'en dégage que la communauté familiale, représentait en même temps une communauté religieuse. Il faut reconnaître qu'un rapport intime unit cette ancienne phase de sociabilité et cette croyance aux esprits, non moins ancienne. Ayant ses racines dans la conception d'une vie future essentiellement homogène avec la vie actuelle, le culte des morts n'apparait nécessairement qu'à l'avènement de la famille patriarcale; car c'est avant tout un culte agnatique, un culte se transmettant de mâle en mâle et donnant à l'homme le premier pas sur la femme. Sous ses deux aspects, d'organisation sociale et de cercle religieux distinct, la communauté familiale dont le père forme la tige, engendre toutes les institutions qui caractéri-

(1) Voyez: Les origines de la croyance à la vie future chez les Juifs, par Edouard Montet. Revue de l'histoire des religions. a 1884, N. 3.

sent cette époque de l'évolution humaine, qu'on a dénommée: patriarcale. C'est à la famille patriarcale que nous demanderons par conséquent le secret des liens existant, dans la période qui nous occupe, entre le mari et la femme, entre le père et les enfants. C'est elle qui nous revélera aussi le caractère de l'organisation ancienne de la propriété immobilière. Si le temps ne venait point à nous manquer et que nous pussions étendre ces études à d'autres parties de l'ancien droit, c'est à elle encore qu'il faudrait recourir pour retrouver les bases du plus ancien système des contrats, ou de la phase la plus reculée de l'évolution du droit criminel.

Remettant à d'autres le soin de vous instruire sur ces graves questions je me bornerai dans les leçons futures à tracer le tableau succinct du régime intérieur de la famille et de sa façon de posséder la terre, à l'ère patriarcale.

---

# SEPTIÈME LEÇON.

On pourrait trouver étrange que dans un cours traitant l'histoire de la famille et de la propriété, le conferencier juge opportun de consacrer une leçon entière au culte des ancètres; c'est à cette objection que je prétends répondre.

Si l'on ne gardait constamment en vue le caractère de société religieuse que porte l'ancienne communauté à l'époque du patriarcat, on aboutirait à ne rien comprendre de son organisation intérieure.

En effet, il importe de connaitre pourquoi, à cette époque, la vie familiale est traitée de devoir; pourquoi les plus anciennes législations sont d'accord pour forcer le père à marier sa fille et pour condamner le célibat chez l'homme mûr; pourquoi chez les Perses, les Indous, les Hébreux et les Athéniens, (1) le père ou le tuteur qui négligeait de marier sa fille nubile ou sa pupille, était déchu de sa puissance et la fille acquérait la licence de s'unir à l'homme de son choix; pourquoi en Chine, on punissait tous les hommes de trente ans et toutes les femmes de vingt qui n'étaient pas mariés (2); pourquoi, enfin, le célibat était considéré en

(1) Paul Giele. De la condition privée de la femme, p. 77.

(2) Histoire de la femme dans l'antiquité, par Martin. Paris 1862, v. I, p. 135, 280, 264.

Grèce, comme un crime passible d'une action publique d'après la loi de Solon. On chercherait vainement la cause de tous ces faits si on ne les imputait à la nécessité de conserver le culte familial. Les descendants directs, issus d'unions matrimoniales pouvant seuls être les prêtres du culte des ancêtres, l'homme qui s'abstenait des liens du mariage et mourait sans postérité légitime, laissait par là même ses ancêtres sans nourriture et sans libations; et devenait la cause de leurs souffrances dans le monde des esprits.

Cette préocupation détermine la loi qui règle le divorce dans les sociétés patriarcales. A Rome, aussi bien qu'en Grèce, dans l'Inde antique comme dans la Judée, le mari répudie sa femme, si elle demeure incapable de lui donner le fils qui seul peut perpétuer le culte du foyer.

Une femme stérile pendant huit ans peut être répudiée, dit le code Manou (IX, 81); celle dont les enfants sont tous morts en naissant peut l'être également au bout de dix ans, celle qui ne met au monde que des filles, au bout de onze. En Judée il n'est plus question du droit, mais de l'obligation, où se trouve le mari de répudier une femme stérile, une femme qui n'aurait pas enfanté après dix ans de mariage.

La même chose se passait en Grèce. Hérodote cite l'exemple de deux rois de Sparte contraints de répudier leurs femmes parce qu'elles restaient stériles. A Rome, Carvilius Ruga, homme de grande famille, se sépara de sa femme par le divorce, parce qu'il ne pouvait pas en avoir d'enfants. Il sacrifia son amour à la religion du serment, nous dit à cette occassion Aulu-Gelle, parce qu'il avait juré d'après la formule du mariage qu'il la prenait à cette fin.(1)

Parmi les celtes et les germains une des causes de répudiation qui reviennent le plus souvent à en juger d'après leurs annales et leurs légendes, est la stérilité de la femme.

---

(1) Glasson. Le mariage civil et le divorce. Paris 1880, p. 143.

Quant aux législations slaves, les cas de divorce connus s'appliquent à la même cause. »Si la femme ne donne point d'enfants à son mari, dit l'anglais Collins dans sa description de la Moscovie du XVIme siécle, il tâche de lui suggérer la résolution d'entrer au convent. Si la femme refuse, il a recours à la force.» [1]

Ce sont des considérations du même ordre, considérations, dont le culte des ancêtres forme le principe, qui ont qualifié l'adultère comme le plus grand crime de la femme, crime que le conseil familial punissait ordinairement de mort, et qui dans tous les cas devait mettre un terme à la vie conjugale. Les ancêtres n'acceptant les offrandes que de la part de personnes à eux unies par les liens du sang, l'adultérin devait nécessairement interrompre le culte familial et par suite devenir la cause d'immenses malheurs et pour les morts et pour les vivants. Voilà pourquoi ou considérait l'infidélité de la femme comme un acte offensant envers toute la famille. Voilà pourquoi le mari outragé n'avait point le droit de pardonner une telle offense. Et s'il lui arrivait de reprendre la femme adultère sous son toit, les membres de la famille pouvaient le traduire devant les tribunaux. Voilà pourquoi enfin la femme adultère devait nécessairement disparaître du sein de la famille outragée, ou bien à la suite d'un meurtre accompli par le mari en personne ou à la suite d'un acte solennel, signifiant que tous liens sont à jamais rompus avec la coupable. Cet acte était partout identiquement le même. A demi-nue la femme adultère était forcée de se mettre sur le dos d'un cheval, d'un âne ou d'un singe (la dernière coutume était suivie dans l'Inde). Poussée par le mari, huée et poursuivie à coups de pierre par son entourage, elle quittait de force le lieu de son ancienne demeure.

---

[1] Spilevsky. Autorités familiales chez les slaves et les germains. p. 135 et 136.

Dans la trahison de la femme se livrant à un étranger, c'était moins la morale qui était outragée, que la religion domestique. Aussi trouvons nous, non seulement impunies, mais encore favorisées par la loi, des actions qui, au point de vue de la morale, ne le cèdent en rien à l'adultère. Sans parler du droit que détenait le mari de vivre ouvertement avec des concubines et des maitresses de condition servile, il nous faut citer ceci que des relations charnelles étaient tolérées en droit entre la femme et un des parents du mari, mais à la condition d'être connues de celui-ci et d'avoir pour but la procréation d'un fils. C'est que le culte des morts, ce culte si soucieux d'héritiers mâles reclamait essentiellement des unions pareilles. Lorsqu'on n'a pas d'enfants, dit le code Manou, la progéniture, que l'on désire, peut être obtenue par l'union de l'épouse, convenablement autorisée, avec un frère ou un autre parent (sapinda). Arrosé de beurre liquide, et gardant le silence, que le parent, chargé de cet office, en s'approchant, pendant la nuit, d'une veuve ou d'une femme sans enfants, engendre un seul fils, mais jamais un second. (1)

D'autres coutumes, non moins curieuses que celle de ce concubinat licite, se ratachent au culte familial. Ainsi dans l'Inde et la Judée le frère épousant la veuve d'une personne morte sans enfants, était censé lui donner un héritier.

Ainsi, à Athènes, un père sans héritier mâle livrait sa fille en mariage à condition que ses petits fils fussent comme les siens propres et que, de cette façon, le culte familial ne subît point d'interruption. Ainsi encore, parmi les populations slaves de l'Autriche et les paysans de la Grande Russie, l'adoption du gendre ou de ses enfants par un homme n'ayant point de fils, reste, même à l'heure présente, une coutume fort répandue.

---

(1) Lois de Manou, livre IX art. 59 et 60. Loiseleur de Longchamps, p. 423, (Livres sacrés de l'orient).

Nous avons étudié jusqu'ici une seule apparence de la communauté familiale, ses premiers autels, on pourrait dire sa première église. Nous avons vu quelles habitudes sociales se rattachaient à son existence, quelles institutions dérivaient de la préoccupation constante de soutenir le culte des ancêtres. Le moment est venu d'aborder des considérations d'un ordre différent, et de se demander en quelle mesure la communauté familiale a influencé l'organisation de la propriété. Nous avons déjà eu l'occasion de dire qu'à ce point de vue la famille patriarcale était une société de propriétaires indivis. Il s'agit maintenant de requérir les causes d'un pareil ordre de choses et de décrire ses conséquences.

D'abord, en ce qui concerne l'existence même de la propriété familiale à l'époque du patriarcat, cette co-propriété est attestée soit par la coutume moderne des peuples qui demeurent encore à cette étape de leur évolution, soit par les textes des anciennes lois et autres documents juridiques.

Dans la relation que l'espagnol Zurita nous a laissé de l'état social de la Nouvelle Espagne, aussitôt après la Conquête, le régime agricol de ses habitants peaux rouges est décrit de la manière suivante. Chaque communauté familiale connue sous le nom de »Calpulli», posséde en commun une certaine étendue de terres. Le chef du calpulli les administre. Il est exprèssement défendu d'aliéner les terrains par vente ou par donation ou d'en faire le partage entre les héritiers. (¹)

Si l'on passe des régions de l'Amérique centrale au nord de l'Afrique on rencontre un ordre de choses exactement identique. (²)

(¹) Voyez mon livre intitulé: La commune agricole, les causes et les suites de sa dissolution, p. 40.

(²) Voyez aussi Bandelier. On the distribution and tenure of lands among the ancient Mexicans. Salem 1878. p. 423.

«La famille Kabyle, disent M^rs Hanoteau et Letourneux dans leur admirable inventaire des coutumes Kabyles, comprend le père, la mère, les fils, leurs femmes, leurs enfants, petits enfants, les oncles, les tantes, les neveux et cousins. Très fréquemment, — et c'est un titre puissant à la considération publique — tous ces individus vivent de la vie commune. Les biens sont laissés dans l'indivision et les revenus employés à la nourriture et à l'entretien de tous indistinctement.[1]»

A ces faits si connus laissez-moi joindre quelques souvenirs rapportés de mes longs voyages au Caucase. La plupart des tribus qui l'habitent, n'admettent d'autre mode de propriété que celui de la possession en commun par les membres indivis d'un même groupe familial. L'habitation va de pair avec la copropriété et, ce qui est non moins curieux, avec une production, à laquelle tous les membres du même groupe fournissent une part si non égale en fait, vu la différence des capacités, du moins égale en théorie.

Chez les tribus aryennes du Pendjab et du Nord-Ouest de l'Inde le régime des terres présente le même caractère de copropriété familiale. Pour m'en tenir à des données exclusivement officielles, je vous citerai une décision du Conseil privé d'Angleterre au quel des procès de ce genre sont soumis par voie d'appel: «aucun des membres du même groupe familial ne peut prétendre ni au droit de propriété ni à la possession individuelle de telle ou telle parcelle du terrain indivis.» Les produits d'un ménage dirigé en commun reviennent à la caisse commune et servent à couvrir les frais communs.[2] Les rapports faits au gouvernement par les employés du cadastre disent exactement la même chose sur les coutumes des Radjputs, des Dgats, et autres tribus autochtones.[3]

---

(1) v. II, p. 6.

(2) Campbell. Modern India, 1853, p. 5.

(3) Voyez Tuper. Punjab customary law.

Pour les slaves, nous nous bornerons à reproduire les paroles de Mme Efimenko, un des écrivains qui ont le plus approfondi le droit coutumier russe. En comparant la communauté familiale serbe à celle de la Grande Russie Mme Efimenko arrive à constater leur identité quant au régime des terres. «Les biens, dit elle, constituent la propriété commune de tous les membres de la famille; de propriété privée, il n'en existe presque pas. Aussi ce que les romains appellaient «ouverture de l'héritage» »delatio haereditatis» n'a jamais lieu. Le chef de la communauté ne fait que gérer la fortune commune. A sa mort, elle reste indivise et passe dans les mains d'un autre chef, appellé à ce poste par son âge ou par une élection, ordinairement au frère ou au fils aine.(¹) Règle générale, la terre familiale n'est point sujette à l'aliénation. Pour que cette exception se produise il faut un concours extraordinaire de circonstances néfastes, mettant en question le sort même de la famille. Dans tous les cas, les ventes ne sont valables qu'à condition d'être consenties par tous les membres arrivés à l'âge de la maturité. Ce n'est pas la majorité, qui fait loi, c'est l'accord unanime que la coutume exige en ce cas.

Le régime de la copropriété, qui distingue la communauté familiale partout où elle éxiste encore de nos jours, se retrouve aussi bien aux époques historiques antérieures. En remontant à la période patriarcale des celtes, des slaves et des germains, comme aussi à celle des indous, nous constatons des faits exactement analogues à ceux que nous venons d'étudier, et qui actuellement portent le caractère de survivances d'un ordre de choses généralement disparu.

Cette conclusion nous aurait suscité naguère encore des contradicteurs nombreux; on admettait exclusivement la commune agricole comme le plus ancien mode de propriété. On invoquait l'exemple de la Russie, les textes de César et de

---

(¹) Recherches sur la vie populaire en Russie, p. 62.

Tacite à l'appui; et la propriété familiale était declarée tantôt une forme postérieure, ce qui, à mon avis n'avait pas le sens commun, tantôt une forme exclusive, particulière aux slaves du sud, par exemple, et complètement inconnue de ceux du Nord.

Les recherches faites récemment soit en Russie, soit en France et en Angleterre, ont versé une grande lumière sur ces questions si controversées. Il fut reconnu que la commune agricole, avec le partage périodique des terres, telle que nous la connaissons dans la Russie actuelle, remonte à une origine relativement récente: qu'au XVI^me^ siécle on l'ignorait encore et que le mode de possession le plus répendu était à cette époque celui de la copropriété familiale. Les vrais possesseurs des terres sont connus dans les chartes russes du XVI et XVII siècles et les procès verbaux des juges et des employés de l'affouagement sous le nom de »feux» (ognische, pechische) c'est à dire de communautés dirigeant leur ménage en commun, vivant du même feu. Les membres de ces communautés sont représentés comme des personnes apparentées, chez qui la production et la consommation des richesses se fait en commun. Quant on compare ces feux du XVI^me^ et XVII^me^ siècles avec la »verv» que décrit la Prawda de Jaroslav, le plus ancien de nos codes, il est impossible de ne pas constater leur parfaite identité. Aussi ne messied-t-il pas de reporter l'origine des communautés familiales à cette époque reculée de notre évolution. Au XVI^me^ et XVII^me^ siécle, ces communautés paraissent subir un état de transition. Les partages commençent à s'éffectuer et l'aliénation des lots aux étrangers devient permise. La petite Russie, que l'on considérait récemment encore comme le sol exclusif de la propriété individuelle, parait avoir passée par les mêmes étapes. La possession en commun des «sèbres» du XV^me^ et XVI^me^ siècles présente plus d'un trait de ressemblance avec la copropriété familiale en cours de dissolution.

Des conclusions analogues quant au régime des terres dans l'ancienne Gérmanie peuvent se déduire du témoignage non équivoque de César. Ce n'est ni d'une commune agricole, ni d'une propriété individuelle, mais bien de la copossession familiale que parle ce texte si connu du général romain: »Aucun d'eux ne possède en propre une étendue déterminée de terre; aucun n'a des champs limités, mais chaque année les magistrats et les chefs distribuent la terre aux clans (gentes) et aux (cognationes hominium qui una coierunt) communautés familiales, donnant à chacune d'elles ce qu'ils veulent et là où ils veulent; l'année suivante ils les obligent à changer de place.» Le texte non moins connu de Tacite n'ayant rapport, comme il a été prouvé récemment, qu'au mode d'assollement du sol, ne contredit par conséquent point le témoignage de César d'aillenrs confirmé par les lois barbares, mentionant la communanté familiale, sous le nom de «génealogiæ», de «consanguinitates» et «consorteriae».

La conclusion s'offre d'elle même. Elle tend à reconnaître que l'évolution du droit de propriété chez les germains a commencé sous le même régime de copropriété familiale, qu'on retrouve dans l'histoire du droit slave.

Sumner Maine et d'autres après lui ont donné plus d'une raison pour prouver que l'ancien régime des terres chez les indous et les celtes devait être entendu de la même manière. Sans entrer dans les détails, je me limiterai à traduire ce texte bien connu d'un des plus anciens codes brahmaniques, le code Ushanas: La propriété reste indivise entre les parents même au millième degrè de parenté. (1) Je constate ce fait non moins probant que les anciens chants irlandais parlent de l'état d'indivision comme de l'état archaique par excellence, tandis que les codes des Brehons, ces anciens druides sécularisés, emploient un terme spécial pour désigner la copropriété familiale, celui d' »orba».

(1) Morris Williams. Indian Wisdom, p. 304.

Il serait inutile de pousser plus loin notre recherche. La conclusion générale s'en dégage déjà facilement: *le plus ancien mode de propriété immobilière a été la copropriété familiale.*

Mais comment arriver à expliquer son avènement; comment donner les causes de son origine? Elles nous paraissent résider dans ce phénomène de production en commun, celui là meme qui entraina l'appropriation commune de la plupart des meubles. La consommation des richesses s'accomplisant à l'origine de la même façon que leur production, on a été amené à jouir en commun des produits d'un sol, qu'un travail commun venait de fertiliser. A des époques bien plus rapprochées de la nôtre, le même fait tend à se produire: le travail en commun marche de pair avec la possession commune. Ainsi, dans l'Angleterre du XIII^me^ et XIV^me^ siécles, comme l'a si justement remarqué M^r^ Seebohm, la coutume de labourer les champs avec de grosses charrues à 6 à 8 boeufs, fournis par plusieurs ménages rénnis, se trouvait en relation étroite avec le système de pa..age en lôts, dont la contenance dépendait du nombre des boeufs, que chaque famille mettait en commun. Quant à la période qui nous occupe, la production en commun est prouvée non seulement par les coutumes vivantes des peuples, qui, comme les slaves, gardent encore les vestiges d'une communauté familiale primitive, mais aussi par les témoignages directs de quelques écrivains de l'antiquité et des temps modernes. L'utilisation commune du sol par les membres d'un même groupe familial durant le XVI et le XVII s. est attestée pour la Russie par les mêmes actes juridiques, qui fournissent les renseignements sur le régime commun des terres. En France, nous avons le témoignage de Guy Coquille, l'illustre commentateur de la Coutume de Nivernais, qui définit les «parçonneries» ou communautés de famille comme des groupes de personnes ayant en commun le pot et le feu, travaillant aux mêmes champs et entassant leurs épargnes dans la même caisse. César nous parle des Suèves comme d'un peuple, chez qui l'agriculture se faisait en commun. Quant à l'Inde antique, nous pouvons nous rapporter au témoignage de Néarque, un des généraux d'Alexandre, dont Strabon se rend l'interprète. »Dans certaines parties de l'Inde, nous dit ce témoin oculaire de faits écoulés au IV$^{me}$ siècle avant l'ère chrétienne, les terres étaient cultivées en commun par des tribus ou groupes de parents qui à la fin de l'année se partageaient les fruits et les moissons.» (1)

Ainsi, il reste avéré, que la famille patriarcale, en tant qu'elle produisait en commun, était aussi la seule propriétaire du terrain. La propriété immobilière privée demeurait inconnue, l'indivision étant de règle et les partages interdits par la loi.

Il s'agit maintenant de déterminer les résultats imposés par cette organisation sociale aux relations réciproques des différents membres de la famille et surtout aux rapports des époux. En s'appuyant sur quelques textes détachés de l'ancienne jurisprudence romaine on a cru pouvoir soutenir qu'à l'époque patriarcale le mari avait été le maître absolu de la personne et de la fortune de l'épouse. Car, sans plus de critique, on étendait cette conclusion à l'ancien droit germanique et slave. Ainsi naquit la thèse de l'omnipotence du mari; ainsi des légistes éminents tels que votre Nordström s'attribuèrent le droit d'affirmer le «husfadren var konung i sitt hus» (v. II, p. 22). Une idée plus juste et plus conforme à la vérité ne parvint à triompher qu'à l'heure où l'étude historique du droit germain et des législations slaves a occupé la place que lui devait l'enseignement des facultés. Alors des jurisconsultes remarquables, comme M. Gide, eclairés par la science comparative des législations anciennes, analysèrent mieux les phénomènes révélés par les textes du

(1) Néarque apud Strabon, lib XV, cap. I 66. edition Didot 1863, p. 610. — Paul Violet. Caractère collectif des premières propriétés immobilières. Bibl. de l'école des chartes. v. XXXIV p. 465.

droit romain. Ils arrivèrent à démontrer que la matrone romaine, loin d'être la servante du mari, s'imposait au contraire comme son égale; que si la fille et l'épouse ne pouvaient légalement aliéner le fond familial (res mancipi), ce n'était que parcequ'il appartenait en droit à toute la famille; que le droit de vie et de mort, comme ceux de chatiment ou d'expulsion, ne s'exerçaient point sans le consentement du conseil familial, conseil composé en partie des parents de la femme. En sorte que toute idée d'arbitraire dans les rapports des conjoints, doit être soigneusement eliminée.

Si l'on recherche quelle fut, à l'époque patriarcale, la situation de la femme germaine ou slave, les aphorismes comme celui-ci: la femme est en pouvoir du mari (genav vole mouja), les surnons tels que: Vogt, Hauptmann ou Meister, ou encore Drott (roi) attachés à la personne du mari, ne serviront pas à nous guider vers la solution du problème. Il ne suffira pas non plus de rapporter des anecdotes prouvant que les maris avaient l'habitude de battre leurs femmes, parfois à coups de fouet, et que cette façon de punir leurs compagnes se trouvait louée dans les écrivains du temps. Il ne serait point difficile de multiplier les exemples de ce genre. Il suffit de copier des ouvrages comme le Domostroy (la façon de mener une maison) du pope Silvestre, conseiller et ami de Jean le Terrible, ou de reproduire des articles extraits de la loi du Jutland, des statuts de Hambourg et de Lübeck, pour établir que la fustigation de la femme par le mari était jadis une pratique en honneur. »Rien de mieux, nous dit le premier de ces documents, que de fustiger sa femme en la tenant gentiment par les bras. Une telle action est non seulement raisonnable, mais encore très avantageuse à la santé; cela fait mal et peur en même temps.»

Seulement, on a lieu de se demander, en quoi des faits pareils concernent la position légale de la femme, et quelle conviction en garder sinon que les vigoureux abusèrent toujours de leur force, et, qu'au temps des mœurs moins policées, les maris maltraitaient leurs femmes plus fréquemment. En vérité tout cela n'a aucune importance pour nous. Il ne nous suffit pas de savoir si les maris ont ou n'ont point maltraité leurs femmes, mais si la coutume les y autorisait, et s'il était défendu d'intervenir dans les conflits conjugaux. Or le contraire a lieu. La famille vengeait la mort de la femme battue jusqu'aù décès. Chez les Lombards, le mari qui par sa brutalité, forçait sa femme à devenir la maitresse d'un autre, devait payer une indemnité aux parents de l'épouse outragée; et celui qui tuait sa femme sans cause suffisante était condamné à payer son wergeld.

Ainsi encore chez les mêmes Lombards, on ne prononçait la condamnation de la femme adultère qu'au cas où ses parents refusaient de témoigner de son innocence par serment. Cette condition devait être observée de même dans les cas d'attentat commis par la femme sur la vie de son époux. Des prescriptions analogues se retrouvent dans le droit slave. Le statut de Lithuanie reconnait aux parents le droit de porter plainte contre leur gendre, accusé du meurtre de sa femme. En Russie les parents de l'épouse intentaient des poursuites judiciaires, non seulement si le mari venait à la tuer, mais aussi dans les cas bien plus nombreux d'outrages à sa personne. A en croire l'anglais Collins, plutôt porté a accuser les russes de vices qu'ils n'ont point, qu'à leur accorder les vertus qu'ils possèdent, les parents de l'épouse éxigeaient que leur gendre l'habillât d'une façon convenable, lui donnât une nourriture saine et abondante, ne la battît point et la traitât gentiment. Ces conditions figuraient dans le contrat du mariage. Si le mari manquait à ses devoirs, une plainte était déposée contre lui.

C'est le droit scandinave qui parait avoir pris le plus à coeur de défendre la femme contre l'inconduite du mari Les lois d'Upland et le Trostating norvégien autorisaient l'épouse à poursuivre en justice son mari infidèle. Trois marcs étaient payés en Norvège par le coupable. En cas de flagrant délit, la loi d'Upland admettait même le meurtre.([1])

Cette indépendance relative de la femme dont nous parlent les documents germains et slaves, apparaît d'une façon encore plus évidente dans les rapports de fortune entre conjoints. La séparation des biens est de règle, et dans l'ancien droit germanique et dans celui des Slaves. Ces derniers poussent l'application du principe jusqu'à refuser au mari la gestion de tous biens de l'épouse autres que ceux apportés par la dot. Les fortunes des conjoints, observe judicieusement un de nos jurisconsultes les plus illustres, M. Spasovic, ne forment point un fonds commun, elles restent indivises. Mais l'unité de famille se fait sentir en ce que le devoir de gérer la dot revient à l'époux. Cela n'empêche pas qu'en cas de mort ou de dissolution du mariage, la femme ne puisse être indemnisée de toutes les pertes supportées par la dot durant l'administration maritale. L'indemnité est garantie par l'hypothèque qui affecte une partie de la fortune de l'époux, ordinairement en raison directe de la dot. Les paroles de M. Spasovic se rapportent exclusivement au droit polonais, mais on pourrait les appliquer aussi bien à l'ancien droit des Russes qu'à celui des Tchèques. Ajoutons encore ce trait: dans les deux législations que je viens de nommer, la femme dispose librement de sa fortune et n'a pas besoin d'être appuyée, dans les conventions où elle souscrit, de l'acquiescement conjugal.

Il n'en est pas de même dans le droit allemand. Le mari gère toute la fortune de sa femme. Aucune disposition la concernant n'est valable qu'à la condition d'être acceptée par les deux conjoints. De plus, le mari ne répond point des pertes qu'il fait subir à la fortune de sa femme.

Ces deux législations, aussi bien la législation slave que la législation germaine, ont ceci de commun qu'elles refusent

([1]) Wilda, Das Straffrecht der Germanen, p. 828.

également au mari le droit d'aliéner les biens de l'épouse, avec cette différence pourtant, que le droit allemand déclare la fortune mobilière de la femme responsable des dettes encourues par le mari, tandis que le droit slave n'admet point une telle responsabilité. Sans pousser plus loin nos recherches, nous résumerons ce que nous venons de dire en quelques mots. L'opinion vulgaire sur l'asservissement absolu de la femme à l'époque patriarcale, ne s'accorde nullement avec les faits positifs qui ressortent de l'étude des anciennes législations et spécialement de celles de Rome, de la Germanie et du monde slave.

Au lieu d'être l'esclave de son mari, l'épouse en était la compagne. Et cela apparaît d'une façon incontestable dans le rôle qui lui est attribué dans le culte familial. Chez les Slaves modernes comme chez les anciens Grecs, c'est à la femme qu'incombe le devoir de veiller à l'accomplissement de ce culte. Le mari ou le fils officiait, mais l'offrande était préparée par la mère ou la sœur. Dans l'Inde même, qui, à l'époque brahmanique, exclut toute participation de la femme aux rites, l'épouse prenait place un jour, à côté du mari, dans les offrandes faites aux pitris, c'est-à-dire aux ancêtres. Les chants du Rig Véda, bien antérieurs à la législation brahmanique, nous l'attestent d'une façon indubitable. On étonnera les partisans de la théorie de l'ancien esclavage des femmes en leur apprenant l'existence dans l'Inde de préceptes moraux semblables à celui-ci: «Personne ne parvient à tenir les femmes dans le devoir par des moyens violents. Renfermées dans leur demeure, sous la garde d'hommes fidèles et dévoués, les femmes ne sont pas en sûreté; celles-là seulement sont bien en sûreté qui se gardent elles-mêmes, de leur propre volonté. Ne frappez pas, même avec une fleur, une femme chargée de fautes. Partout où la femme est honorée, les divinités sont satisfaites; mais lorsqu'on ne l'honore pas, tous les actes pieux sont stériles. Le mari ne fait qu'une même personne avec son épouse. Qu'une fidélité mutuelle se maintienne jusqu'à la mort, tel est le principal devoir de la femme et du mari. — Les femmes qui s'unissent à leurs époux pour devenir mères et qui font l'honneur de leurs maisons, sont véritablement les déesses de la fortune»([1]).

Et c'est aux codes brahmaniques que j'emprunte toutes ces citations, à des codes vieux de deux mille ans et pleins de préjugés religieux contre la prétendue perversité et la prétendue fausseté du sexe faible. S'il en est ainsi, si les législations même les plus contraires à l'égalité des sexes refusent de voir dans la femme l'esclave-née de l'époux, sa sujétion à une tutelle constante doit avoir pour cause unique le zèle jaloux témoigné par l'ancienne coutume pour la préservation intacte de la famille. Suivant ses préceptes, les intérêts de la famille ne peuvent être garantis qu'aux deux conditions suivantes. Il faut qu'un étranger ne parvienne point à s'introduire furtivement dans son sein. Il faut aussi que le patrimoine de la famille demeure entier à travers les siècles. Les anciens Egyptiens poursuivaient surtout dans l'adultère, la confusion des enfants([2]). De l'adultère, dit à son tour le législateur indien, naît dans le monde le mélange des classes; et du mélange des classes provient la violation des devoirs, qui cause la perte de l'univers. Or, selon le même législateur, qui déplore leur passion pour les hommes, l'inconstance de leur humeur et le manque d'affection qui leur est naturel, les femmes, malgré la vigilance de leurs gardiens, trahissent leurs époux. De là cette conclusion: connaissant ainsi le caractère qui leur a été donné au moment de la création par le Seigneur des créatures, que les maris mettent la plus grande attention à les surveiller. Et quel moyen plus sûr que de les placer sous une tutelle vigilante?

([1]) Lois de Manou, livre VIII et IX, Iajnavalkya I, 74.
([2]) Glasson, Le mariage civil et le divorce, p. 189.

Tant pour ce qui concerne la tutelle exercée sur la personne de l'épouse. Passons maintenant à celle établie sur sa propriété. Elle n'a pas d'autre origine que le principe qui fait exclure les filles de tout testament ou partage des biens immobiliers. Quand Tacite, parlant des anciens Germains, dit qu'il n'existe point de testaments parmi eux, et quand la loi salique déclare que les filles ne seront pas héritières dans les biens-fonds, ils indiquent certains moyens mis en pratique dans l'intention de garder l'intégrité du patrimoine familial. Un autre moyen, non moins sûr, repose sur la tutelle du mari gérant la fortune de la femme, tutelle qui rend impossibles les actes de disposition pouvant frustrer la famille d'une partie de son avoir. Pour peu qu'on conçoive cette préocupation suprême de l'ancien législateur, on ne trouvera plus tant de contradictions dans son œuvre. On finira par comprendre que ce n'est pas l'assujettissement de la femme qui lui tenait le plus à cœur, mais le repos intérieur et le bien-être de la famille, de cette famille qui restait à ses yeux l'institution la plus sacrée, la base inébranlable de tout État et de toute religion, la condition nécessaire de notre bonheur aussi bien dans ce monde que dans celui des esprits, l'alpha et l'oméga de notre existence.

# HUITIÈME LEÇON.

Dans les leçons précédentes, nous avons constamment employé les mots femme, épouse, mère. On pourrait en conclure que la monogamie dérive essentiellement du régime patriarcal. Or, une telle conclusion ne serait vraie qu'à demi. Le régime patriarcal, comme nous tâcherons de l'établir dans cette leçon, amène nécessairement à ce résultat, mais ses origines remontent à l'époque de la polygamie. La polygamie est même longtemps de règle, car elle s'accorde on ne peut mieux avec le mode le plus répandu de contracter le mariage: par voie d'achat. Sous un tel régime, le riche peut se constituer une famille, composée d'un nombre indéfini de femmes. Son intérêt l'y pousse nécessairement; car plus il en a, plus ses moyens de production augmentent. En effet, la femme porte le fardeau du ménage, elle est le travailleur par excellence; le mari se contente d'exercer le métier des armes ou celui de la chasse et abandonne à l'épouse, non seulement les soins domestiques, mais aussi les travaux des champs et l'élève du bétail. Pour se faire une idée parfaite de ce renversement des rôles dans la production, il suffit de passer quelques jours au milieu des tribus barbares du Caucase. Ce qui frappe à première vue, c'est l'indolence du sexe fort et l'activité des femmes. Le Cherkes et l'Ossète, le Tatar des environs de l'Elborouz et l'Adigué des steppes consacrent leur temps à l'oisiveté. On les voit tantôt galoper sur leurs chevaux, tantôt façonner avec leurs poignards des morceaux de bois, afin d'en fabriquer des baguettes, tantôt causer assis en cercle; tout cela, sans compter le temps donné aux prières et aux ablutions et le nombre infini d'heures mises à faire le galant auprès des femmes. Apporter l'eau de la source, attiser le feu, préparer les repas et, outre cela, veiller sur le bétail et labourer le champ, tout cela ne regarde pas ce mari; mais bien la maîtresse de la maison et ses aides, quelquefois des serviteurs payés, la plupart du temps des femmes de la famille. Dans ces conditions, les avantages de la polygamie se font facilement concevoir. Elle reste le moyen le plus simple de se procurer des travailleurs. Cette préoccupation reparaît souvent dans l'histoire du droit et plus d'une coutume y trouve son origine. Pour ne citer qu'un exemple, je mentionnerai que parmi mainte tribu, soit slave, soit germaine, on gardait l'habitude de marier à un enfant en bas âge des filles adultes, qui devenaient dès le lendemain des noces les aides naturels et permanents de leur nouvelle famille.

A ces causes d'un caractère purement économique vient s'en joindre une que j'appellerai sociale; c'est la nécessité de se procurer des alliances, afin de remplacer l'état de guerre continuelle qui caractérise les rapports des tribus, par une paix durable. Or, un des moyens les plus sûrs pour arriver à cette fin est celui que donne le mariage. Les liens du mariage, une fois contractés, les deux familles passent à l'état de personnes apparentées, de «cognati» disaient les Romains, de «svoistvenniki», disent les Russes. Il en résulte que toute guerre cesse entre eux et que souvent ils font cause commune contre les ennemis du dehors. Aussi qu'on ne s'étonne point si dans les pacifications de tribus, le mariage joue une part prépondérante; les vengeances privées cessent parfois à la condition d'unir les familles ennemies par ses liens. Chez les Ossètes et autres tribus caucasiennes, les filles nubiles faisaient naguère encore partie de la rançon payée à la famille outragée par le coupable et ses proches.

La préoccupation des alliances se retrouve aux époques les plus reculées; elle engendre la coutume si répandue de confier à des familles étrangères puissantes le soin d'élever les nouveaux-nés, afin de contracter ainsi avec elles une parenté fictive. A cette préoccupation des alliances revient aussi l'honneur de ces confédérations de tribus, qui constituèrent la vraie base de l'État. Aussi ne s'étonnera-t-on point d'apprendre qu'elle a puissamment contribué à maintenir, sinon à créer, la coutume de la polygamie comme moyen d'établir des rapports étroits entre les tribus et de maintenir par là une paix générale.

La polygamie suppose nécessairement chez ceux qui la pratiquent les moyens suffisants pour l'achat de plusieurs femmes et pour leur entretien journalier. Mais comme tout le monde ne pouvait jouir de ce privilège, l'habitude de posséder plusieurs femmes s'est nécessairement limitée dès son origine à un nombre plus ou moins restreint de familles riches. Les autres durent se contenter de la monogamie ou de l'usage exclusif d'une seule femme.

Les considérations que je viens d'émettre sont loin d'avoir le caractère d'abstractions établies à priori qu'on pourrait leur supposer à première vue. Les coutumes existantes et les législations antiques fournissent un sûr appui à nos assertions. Lors de mon voyage au Maroc, j'ai été frappé du petit nombre de familles pratiquant la polygamie. Ces familles étaient ordinairement celles de riches marchands des villes, tenant leurs femmes bien enfermées et cachant leurs figures sous d'épais voiles blancs, tandis que les gens de la campagne ne gardaient régulièrement qu'une seule femme travaillant à leur côté et ne portant aucune empreinte de l'exclusivisme farouche des citadines.

Le même fait a été constaté sur une large échelle par Burckhardt dans ses voyages en Arabie. Sur cent ménages, il est difficile, à son avis, d'en compter un qui comprenne plus d'une femme. Dans l'Asie mineure et dans la Turquie d'Europe, la polygamie est régulièrement l'apanage des villes et de la classe la plus aisée. Quant aux paysans, ils restent la plupart du temps monogames. Pour ce qui regarde la population mahométane du Caucase, les cas de polygamie sont inconnus dans la région montagneuse, la plus aride et la plus pauvre; ils sont par contre assez fréquents dans la plaine, vu l'aisance relativement plus grande de ses habitants.

Limitée dans son application à un nombre assez restreint de personnes, la polygamie forme encore la règle d'un grand nombre de tribus et se retrouve dans toutes les parties du monde, en Australie comme en Amérique, dans l'Archipel indien comme dans l'intérieur de l'Afrique, dans les îles du Pacifique et parmi les tribus barbares de la Sibérie. A l'époque de la découverte du nouveau monde, elle était en usage au Mexique, au Pérou et dans toute l'Amérique centrale.

En remontant le cours des âges, nous la rencontrons en Chine, où l'empereur et les princes étaient les seuls à avoir des harems, tandis que le commun se contentait régulièrement d'une seule femme[1]. La polygamie n'est point étrangère non plus à la Judée. Jacob, père de Joseph, et Noch, père de Samuel, Gédéon, David et autres patriarches contractent de nouveaux mariages du vivant de leurs premières femmes. Le texte suivant du Deutéronome (ch. XXI, v. 15) semble très explicite à cet égard: Quand un homme aura deux femmes, l'une aimée et l'autre haïe, etc.

La controverse est plus ardente sur la question relative à l'existence de la polygamie au sein des sociétés aryennes. Quant à la Grèce antique ou à l'ancienne Rome, la monogamie y est en honneur dès l'époque la plus reculée. Il

---

[1] Plath, Ueber die häuslichen Verhältnisse der alten Chinesen. Sitzungs-Berichte der baier. Akad. 1862, Heft 2.

n'en est point ainsi des Celtes ni des Germains. César et Tacite l'attestent: le premier déclare en parlant des Gaulois qu'en cas de mort *les femmes* (et non la femme) du défunt sont interrogées pour savoir si le décès n'a pas été occasionné par le poison; tandis que le second se borne à dire que de toutes les nations barbares les Germains conservent seuls l'habitude de la monogamie, à l'exception des chefs, qui, poussés non par la concupiscence, mais par l'orgueil, contractent plusieurs mariages (pluribus nuptiis ambiuntur). La branche orientale de la famille aryenne, composée des Iraniens, Indous et Slaves, ne sort point de la règle. Geiger a parfaitement raison de dire que la polygamie était mise en pratique non seulement par les rois perses, mais aussi par leurs sujets, d'après le témoignage d'Hérodote, que parmi les Parsis de l'Inde elle était encore récemment de coutume et que, même dans l'Avesta, on peut trouver certaines traces d'un pareil ordre de choses. «Ahura Mazda», divinité iranienne, y paraît entouré de plusieurs femmes et leur grand nombre est regardé comme la récompense de l'homme pieux. Quant aux Indous, les Hymnes du Rig-Veda font quelquefois mention de la polygamie, comme par exemple dans le verset suivant: Les reins me serrent de tous côtés: on dirait les femmes d'un même mère. Les poèmes épiques, tels que le Ramayana, et les drames populaires, tel que la Sakuntala, mentionnent des cas de polygamie. Quant aux codes brahmaniques, il en est question dans les passages suivants de Manou, de la Iajnavalkia et de Vishnu:

«Tout bien donné par le père à une femme de l'une des trois dernières classes, dont le mari, qui est un brahmane, a d'autres femmes, doit revenir, si elle meurt sans postérité, à la fille d'un brahmane ou à ses enfants.» (Manou, livre neuvième, art. 198.) «Trois femmes, d'après l'ordre des castes, sont accordées au brahmane, au Kshatria et au Vaisya; une seule au Sudra.» (Iajnavalkya, livre I, art. 57.) Quant au code Vishnu, il reconnaît au brahmane le privilège d'avoir quatre femmes, le Kshatria devant se contenter de trois, le Vaisya de deux et le Sudra d'une seule (Vishnu XXIV, 1—4.). Il ne nous reste plus qu'à mentionner les faits qui établissent l'existence de la polygamie chez les anciens Slaves. Les voici: d'abord le témoignage de la chronique dite de Nestor: «Les Radimichi, les Viatichi et les Severs», les tribus dont la confédération avec les Krivichi a posé les fondements de l'État russe, «ont l'habitude d'avoir deux ou trois femmes.» Puis viennent les récits de voyageurs, tels qui l'Italien Casvini, qui rapporte que les Slaves avaient souvent chez eux des vingtaines de femmes. Cosme de Prague et l'hagiographe inconnu de St Voitech mentionnent l'usage des Tchèques d'avoir deux ou trois femmes. Adam de Brême parle d'une coutume semblable suivie par les Prusses, ancêtres des Prussiens modernes, dont les princes avaient seuls l'habitude de garder un nombre indéfini de femmes. Pour en venir aux temps historiques, nous noterons encore le cas de St Vladimir, qui lors de son passage au christianisme possédait à lui seul 20 femmes, sans compter le nombre de ses concubines, qui s'élevait à huit cents.

Il demeure par conséquent avéré que la polygamie a été ou est encore en usage sur toute la surface du globe, que les Aryas l'ont connue aussi bien que les Sémites et les Touraniens, qu'elle a été surtout mise en pratique par les riches et les puissants et que la monogamie s'est lentement developpée au sein des tribus polygames. Maintenant il s'agit de savoir quelles en sont les causes directes et par quelles étapes le mariage a dû passer avant d'arriver à son état actuel d'union contractée entre un seul homme et une seule femme.

C'est encore aux anciens codes, si empreints de caractère religieux, si riches en sentences morales et en desiderata pieux, que nous devons arracher le secret de cette organisation; c'est à eux de nous dire comment au sein de la famille polygame une seule femme s'est peu à peu élevée au-dessus des autres, est devenue la seule maîtresse de la maison, la seule compagne du mari aussi bien dans l'accomplissement des rites que dans l'administration des affaires domestiques, comment enfin elle a réduit les autres à devenir de simples concubines, appelées à la remplacer de temps en temps, mais incapables de donner à leur maître une postérité légitime, la seule qui soit admise au culte des ancêtres.

Commençons par constater que la plupart des codes religieux de l'antiquité plaident en faveur de la monogamie. Interrogé sur la question du genre de vie le plus conforme aux désirs du Très-Haut, Ahura Mazda, le divin législateur de l'Avesta, répond: l'homme pieux doit habiter une vaste maison, bâtie de ses propres mains et munie d'un foyer toujours ardent, d'une femme (notez ceci: d'une seule et non de plusieurs), d'enfants et de bestiaux. L'homme n'est parfait, dit à son tour le code Manou, que quand il consiste en trois personnes, lui-même, sa femme et son fils. La famille, au sein de laquelle un homme se contente d'une seule femme, sera toujours heureuse. Le Talmud israélite n'est pas moins explicite, car il interdit expressément au chef du sacerdoce d'avoir plus d'une femme et la même défense se retrouve à une époque bien antérieure dans la législation égyptienne. A Rome, à en croire le texte d'une loi de Dioclétien, les hommes ayant célébré de nouvelles noces du vivant de leur femme, étaient déclarés infâmes (infamia notati sunt in edicto praetoris). Inutile de dire que le christianisme se déclare complètement opposé à toute polygamie, même celle qui consisterait à conclure un nouveau mariage après la répudiation de la première femme. (Evangile de Matthieu, XIX, v. 8. Ev. de Marc, ch. X, v. 5.)

Il résulte de ces citations si nombreuses que le plus souvent le législateur religieux est partisan de la monogamie.

On a par conséquent lieu de se demander si la religion ne domine point toutes ces préférences accordées à la monogamie, si le culte du foyer, commun à tous les peuples de l'ancien Orient, si différents entre eux à d'autres points de vue, n'est pas la vraie cause de l'évolution spontanée de la monogamie, au sein des tribus polygames.

Les documents historiques et juridiques qui nous sont parvenus de l'époque patriarcale indiquent parfaitement cette évolution. Dans le Vishnu, le Catiayanna et autres codes brahmaniques, la première femme, pourvu qu'elle appartienne à une caste supérieure, règne absolument sur les autres épouses. Un fait analogue nous est rapporté, à propos des Slaves et en particulier des Tchèques, par leur annaliste le plus ancien, Cosme de Prague. De même en Allemagne, la différence entre Weib, femme principale et Frauen, femmes secondaires, arrive à s'établir assez tôt.

L'attitude hostile des codes religieux envers la polygamie et la tendance universelle à aboutir à la monogamie ainsi reconnues, il ne s'agit plus que de démontrer une relation étroite entre le culte des ancêtres et la position privilégiée qu'une seule femme 'la première' occupe au sein de la famille polygame. Cette relation résulte du rôle attribué à la femme dans le culte des ancêtres et spécialement dans celui du foyer. Nous avons déjà eu l'occasion de dire que le sacerdoce familial appartenait de droit au mari, mais que la femme préparait les offrandes. Un autre devoir lui incombait encore, un devoir dont l'importance résulte des suites fâcheuses que son inexécution amenait fatalement pour toute la famille. Il consistait à entretenir constamment le feu du foyer domestique, avec le bois spécialement consacré à cet usage. Si ce feu venait à s'éteindre, le culte des ancêtres s'interrompait, les morts restaient sans nourriture et la famille perdait leur patronage. Or, le soin d'entretenir le foyer revenait à celle des femmes qui tenait la première place; ordinairement c'était la plus âgée. La Bible lui donne le nom de «femme de la jeunesse»: elle exprime par là qu'elle est devenue l'épouse de la jeunesse du mari. Tout nouveau mariage n'amenait par conséquent aucun changement dans le culte familial, à moins que la première femme ne fût d'une caste inférieure à celle de la seconde et que le législateur, comme cela se passait dans l'Inde, ne prescrivît la nécessité d'avoir pour principale la femme du même monde, de la même souche sociale. On atteignait dès lors ce résultat que la première femme était seule considérée comme l'égale du mari, parce que seule elle était admise à partager ses devoirs les plus sacrés, ceux du culte. Ce fait dut avoir une influence décisive sur son sort. Elle devint la femme principale, la femme dont l'union avec le mari constituait la famille, en tant que la famille représentait, selon l'expression des jurisconsultes romains, la communauté de choses divines (divini juris communicatio); comm cette qualité l'emportait sur toutes les autres, la première femme arriva peu à peu à jouir seule de la maîtrise domestique. «Herrin», disent les Allemands, «gosudarinia» en parlant d'elle les Russes. Sa position exceptionnelle est on ne peut mieux exprimée par la formule usitée à Rome dans le mariage de la confarréation. «Si tu Gaius, ego Gaia» — telles étaient les premières paroles adressées par la fiancée à son époux. Le sens en était celui de compagnonnage à vie, de participation constante aux devoirs et aux privilèges du chef de la communauté.

A mesure que la première femme accaparait le pouvoir, les autres retombaient au niveau de ces concubines fort nombreuses que le mari était autorisé à garder même du vivant de sa femme, sans autre fin que celle d'assouvir l'instinct du maître aux heures de loisir. La Bible nous parle souvent de ces sortes de femmes, non seulement souffertes par l'épouse légitime, mais directement recommandées par elle, comme le fut la servante Silpha offerte à Jacob par Léa. L'auteur de la Genèse considère cette action comme fort louable et méritant récompense de la part du Seigneur(1).

(1) La Genèse, ch. XXX, verset 18. Et elle (Léa) dit: Dieu m'a récompensée, après que j'ai donné ma servante à mon mari.

Quand la première femme arriva à occuper la place qui lui est due de nos jours, les rites solennels du mariage furent réservés exclusivement aux premières noces. La première femme fut seule présentée aux mânes des ancêtres et à leur représentant, le foyer. Aussi ses enfants furent-ils considérés comme les seuls légitimes. En cas de stérilité seulement, la première femme pouvait un moment être remplacée par la seconde, mais dans le but unique de procréer des enfants qui, aux yeux de la loi, passaient pour ceux de la première et, pour ce, participaient à l'héritage. Ainsi, de son propre consentement, Sarah fut remplacée par Agar dans l'intention bien arrêtée de donner un héritier à la race. Le changement de rôle entre les deux femmes ne pouvait devenir durable que dans le cas où la première restait sans enfant. Aussi Sarah rentre-t-elle dans son rôle privilégié aussitôt après avoir enfanté un fils, Isaac, encore qu'il ne fût que le puîné; Ismaël, fils d'Agar, étant né quelques années auparavant. Mais le patriarche, ou plutôt l'auteur inconnu de la Genèse, préconise déjà la monogamie. Agar est renvoyée et Sarah conserve seule le rang de femme légitime.

La coutume encore en vigueur chez les Ossètes nous met en présence d'un ordre moral à peu près semblable à celui que décrit l'auteur de la Génèse. A côté de la femme légitime, l'Ossète en garde plusieurs autres, connues sous le nom de «Noumoulous» ou «personnes n'ayant de la femme que le nom». Acquises ordinairement par achat, mais pour une somme de beaucoup inférieure à celle payée pour la femme légitime, la noumoulou ne détient qu'un droit, celui d'être entretenue jusqu'à sa mort aux frais de la famille. Les enfants qu'elle met au monde forment une classe séparée et sont connus sous le nom de «Cavdasards». Ils restent constamment attachés à la famille et doivent être entretenus à ses frais; mais ils supportent aussi l'obligation de travailler pour elle. En cas de partage du bien patrimonial, aucune part ne leur est due; ils n'ont qu'un droit, celui de choisir entre les fils de la première femme (les légitimes) le co-partageant qu'ils veulent se donner pour maître et qu'ils suivront dans la nouvelle demeure. Celui-là disposera seul désormais de leur sort. Pourtant, si la famille venait à disparaître faute de descendants légitimes, ses biens appartiendraient de droit aux cavdasards. En héritant des biens de la famille, les cavdasards passent à l'état de liberté et deviennent membres de la classe des hommes libres.

Des faits analogues se constatent parmi les Celtes. Le «livre de l'ancienne loi», le Senchus Mor irlandais, nous l'atteste d'une façon formelle. Du consentement de sa femme, l'Irlandais peut s'unir à une personne libre. Il s'engage alors à lui fournir les moyens d'existence, les «seds»(1). Le père pouvait reconnaître les enfants nés de pareilles unions. De lui dépendait leur sort. S'il refusait de les considérer comme siens, ils suivaient l'état de leur mère. Dans le cas contraire, ils acquéraient tous les droits de l'enfant légitime. Le livre d'Aicill, un autre code irlandais, un peu moins ancien que le Senchus Mor, accorde encore aux enfants nés de mariages conséquents le quart de la fortune du défunt(2). Les lois scandinaves rappellent en bien des points cette ère de transition entre une polygamie plus ou moins tolérée et une monogamie, refusant toute légimité aux enfants nés d'unions libres. Ainsi, en Norvège, à l'époque du Frostating et du Gulatrug, la loi reconnaissait une sorte de concubinat, qui, prolongé pendant plus de vingt ans, devenait légitime par prescription. En ce cas, dit M. Dareste, les enfants devenaient légitimes. Dans l'ancien Danemark, la part des enfants illégitimes était de moitié moindre que celle des enfants légitimes. A défaut de ces derniers, l'enfant naturel acquérait le droit de recueillir la

(1) Ancient laws of Ireland, v. II, p. 399 & 401.
(2) Ancient laws of Ireland, v. III, p. 401.

succession tout entière[1]. Quant à l'Islande, le Gragas admet l'enfant naturel au nombre des héritiers, mais seulement dans le cas où le défunt n'a laissé après lui ni fils, ni fille, ni père, ni mère, ni frère, ni sœur. Ils viennent par conséquent avant l'aïeul et l'aïeule, aussi bien qu'avant les petits-enfants légitimes.

Parmi les législations d'origine germanique, les fueros de la Castille, de l'Aragon, et du Portugal doivent être cités comme étant les plus favorables aux enfants naturels. Ces derniers, à moins d'être le fruit de l'adultère, pouvaient hériter de leurs parents. Une certaine part à l'héritage leur était aussi attribuée par les lois lombardes et les statuts des villes de l'Italie septentrionale dont le droit est calqué sur celui des Lombards [2].

Ces législations nous font assister à l'évolution même de l'idée de légitimité. Elle est plus ou moins reconnue selon la situation que le législateur confère aux femmes dont l'union a suivi celle de l'épouse privilégiée. S'il arrive à leur accorder, après un certain temps, les droits de la femme légitime, leur postérité participe à la succession du père; le contraire se produit si la loi les contraint à descendre au rang de simples concubines. Or, l'évolution du droit s'accomplit incontestablement dans cette direction, poussée par l'exclusivisme de plus en plus rigoureux qu'acquiert le culte familial et l'influence marquée que ce culte parvient à exercer dans la constitution intérieure de la famille patriarcale. Aussi une loi d'Athènes défend-elle au père de famille de léguer à ses fils naturels, plus de cinq minots, mais le père pouvait encore les reconnaître, en les faisant inscrire dans sa phratrie. De même à Rome. La législa-

---

(1) Les anciennes lois du Danemark, par R. Dareste. Journal des savants. Février 1881.

(2) Marichalar y Manrique, Historia del derecho civil de espana, t. V. p. 404.

tion des XII tables ne reconnaissait le droit de succession ab intestat qu'aux «sui haeredes» et n'accordait aucun droit aux enfants nés hors du mariage. Ceux-ci suivaient l'état de leur mère, selon la maxime si connue «infans sequitur ventrem»; la mère toutefois ne leur devait que les aliments nécessaires, l'enfant naturel n'étant l'héritier de personne. Le père d'ailleurs pouvait légitimer son bâtard. Il n'avait qu'à l'adroger s'il était citoyen, à l'acheter s'il était esclave; dans les deux cas également le bâtard acquérait des droits à l'héritage. Quant aux législations germaniques, leur principe fondamental qualifie l'enfant illégitime comme un étranger; il n'était admis à hériter ni du père, ni de la mère, à moins que le père mourant sans héritier légitime ne lui léguât sa fortune (formule 52 du recueil de Marculfe) (1).

L'ancienne législation slave n'est pas moins rigoureuse en ce qui concerne le principe de la légitimité. Le plus vieux code de la Russie, la Prawda de Jaroslav, aussi bien que la législation moscovite, ne reconnaissent point aux bâtards de droits de succession. Ils ne pouvaient être légitimés selon le code du czar Alexis (monument juridique du XVII s.) même par le fait d'un mariage subséquent. Les enfants naturels n'ont de relations légales qu'avec leur mère et n'appartiennent point à la famille du père (2).

Ainsi les législations des peuples aryens, qui ont de bonne heure accepté le régime de la monogamie, gardent ceci de commun que toutes elles excluent le bâtard du sein de la famille. Elle n'admettait dans ses rangs que les personnes unies par le même culte, celui des ancêtres. Or, d'autres femmes que la légitime n'y pouvaient avoir accès.

Nous pourrons par conséquent terminer cet aperçu en repétant ce que, sous forme de supposition et d'hypothèse, nous avons émis dès le début. La famille patriarcale, poly-

(1) Voyez Edmond Caro. De la condition des enfants naturels. Paris 1877, p. 111.

(2) Vladimirski-Boudanov. Hist. du droit russe v. II p. 136.

game à son origine, tend nécessairement vers la monogamie, cette dernière forme sociale correspondant seule au culte des ancêtres. A mesure que la famille patriarcale progresse vers l'état de monogamie, la première femme, la femme de la jeunesse, acquiert seule le caractère de légitimité; les autres descendent au rang de simples concubines. Il s'ensuit qu'une distinction arrive à s'établir entre les enfants. La légitimité n'étant reconnue qu'à ceux provenus de la première épouse, les autres tombent au rang de bâtards, sont exclus de la famille et de tout droit à la succession de leur père.

Il ne me reste plus pour achever le tableau de la famille patriarcale qu'à traiter du rôle du père. Cela fait, nous entreprendrons l'étude des causes qui amenèrent la dissolution de la communauté familiale et l'avènement de la famille individuelle, de la famille-couple, telle que nous la connaissons de nos jours. Nous aborderons ces matières dans notre prochaine leçon.

# NEUVIÈME LEÇON.

Dans une des premières leçons, l'origine de l'autorité paternelle a occupé notre attention. Aujourd'hui, nous allons poursuivre son développement ultérieur et sa constitution définitive sous le régime patriarcal. Le sujet est trop vaste pour une conférence si restreinte. Nous tâcherons donc de résumer le plus possible, en éliminant tous les détails et en limitant les recherches aux grandes lignes de notre sujet.

Primitivement, l'autorité paternelle paraît n'être que l'apanage de l'autorité maritale. L'acquéreur d'une femme prétend exercer des droits de propriétaire sur son produit, comme il les exerce sur ses arbres fruitiers et sur son bétail. Il s'en suit que pour détenir le pouvoir paternel la qualité de père n'est point indispensable: il suffit de posséder des droits conjugaux sur la femme qui vient d'enfanter. Voilà précisément la conclusion qu'impose l'ancienne loi des Allamans, lorsqu'elle prescrit que l'enfant adultérin appartiendra au mari et non au véritable père. Voilà ce qui inspire la coutume Ossète lorsqu'elle attribue au mari les droits paternels sur les enfants que la seconde femme, la «noumoulous», conçoit d'une personne étrangère à qui on l'a cédée pour un temps. Dans l'Inde, le mariage nommé «nyoga» est institué d'après le même principe; car l'enfant né de l'adultère consenti par le mari, lui revient comme fils et comme héritier. La législatien romaine généralise cette disposition par la maxime: «*pater est quem nuptiae demonstrant*», celui-là est le père que le mariage déclare tel. En somme, cela se réduit à dire que l'époux d'une femme a droit de propriété sur tous les enfants qu'elle conçoit. Un pareil titre de possession engendra l'arbitraire qui caractérise la puissance du père; il engendra le «jus vitae necisque» sur les nouveaux-nés et l'odieuse faculté de disposer de la progéniture suivant ses caprices, même de la vendre. En effet, et aucun doute ne saurait surgir, ces droits monstrueux existaient réellement; ils existent même encore parmi les tribus les moins civilisées. Tels sont les Nègres de l'Afrique centrale. Inutile de recourir à la législation romaine pour obtenir des documents qui démontrent l'existence de cet arbitraire: Rome ne l'admettait que sous toutes réserves, tandis que des coutumes encore en vigueur le consacrent de la façon la plus absolue. La vente des jeunes nègres par leurs parents est chose fort commune. Quant à l'infanticide pratiqué sur les garçons et surtout sur les filles, l'usage en reste tellement général que Mac-Lennan a failli lui donner le caractère d'une loi, ce dont il faut nous défendre.

L'autorité paternelle n'étant point une institution primitive, mais un privilège adventice, tous ces droits appartinrent à la femme bien avant que d'être dévolus au mari. Aussi chez plusieurs tribus, la mère décide le sort du nouveau-né soit en lui refusant toute nourriture, soit en lui présentant le sein. Les Svanètes, qui récemment encore pratiquaient l'infanticide des filles, ne l'accomplissaient pas autrement, et l'on rapporte la même chose des Ossètes méridionaux. L'habitude de vouer à la mort le nouveau-né en le laissant sans nourriture est l'origine probable de la coutume suivante, constatée dans maintes sociétés patriarcales, entre autres chez les Germains: il suffisait que l'enfant eût avalé une goutte de lait, pour que le père perdît le privilège de lui ôter la vie(¹). Et, comme il faut que la mère soulève l'enfant pour l'approcher de son sein, le père, successeur aux droits de la mère, imite ce mouvement en symbole solennel, témoignant son désir de reconnaître le nouveau-né et de lui octroyer la vie sauve. Aussi les Romains, s'ils voulaient exprimer l'acte de reconnaître le nouveau-né, employaient-ils le verbe *sublevare*, soulever. Quand le père avait levé l'enfant de terre, il perdait tout droit de le supprimer.

Les législations aryennes prescrivent déjà certaines limites à l'arbitraire absolu. Quelles causes obligèrent à établir ces limites et à subordonner le pouvoir paternel de vie et de mort à des règles immuables? — Qu'il nous soit permis de prétendre que l'avènement de la famille patriarcale précisa cette heureuse innovation. Car alors les droits du père furent soumis à ceux de la communauté familiale, et l'intérêt général de ses membres triompha de l'intérêt personnel. Cette mutation des mobiles directeurs obligea l'infanticide à disparaître, ou du moins à se borner à de très rares circonstances. Ce privilège exorbitant fut maintenu seulement comme moyen de préserver la famille contre certains dangers, et de lui assurer quelques avantages. Dangers et avantages bien chimériques au reste; mais nos ancêtres ne le comprenaient pas ainsi; et, s'il nous plaît de pénétrer dans leurs consciences, nous arriverons à avouer que, dans les limites posées, l'infanticide pouvait avoir quelque raison qui l'excusât.

Avant tout, il importait de préserver la famille contre les suites funestes de l'adultère, c'est-à-dire contre l'introduction d'éléments étrangers ennemis du culte familial et causes de l'inefficacité des offrandes et des libations offertes aux mânes. Or, la croyance générale certifiait que les jumeaux naissaient exclusivement de l'adultère: il demeurait donc nécessaire de les immoler à l'intérêt de la race. Aussi

(¹) W. Plath, Geschichte des Verbrechens der Aussetzung. — Leipzig, 1876.

furent-ils très nombreux les cas de ces infanticides que relève particulièrement l'Edda.

Comme il fallait pour la guerre des hommes bien constitués, capables de toutes les vigueurs, on adopta la règle de tuer les enfants difformes. Rome et l'ancienne Germanie n'échappèrent point à cette nécessité sociale, et les lois ecclésiastiques de la Norvège durent prendre sous leur protection et défendre de tuer celui-là même «dont la nuque était placée en avant et les yeux en arrière».

A ces causes générales de l'infanticide s'en joignirent d'autres d'un caractère purement accidentel. Si une peuplade venait à manquer du nécessaire, on commençait par tuer les enfants mineurs. Tacite relate un fait semblable chez les Frises. Les explorateurs de l'Australie et de l'Afrique citent des cas analogues.

Des motifs d'un ordre plus immédiat maintiennent chez les peuplades sauvages l'infanticide des filles. Dans l'état de guerre perpétuel où peine l'enfance de l'humanité, la famille tient surtout à la conservation des mâles. Les filles n'occasionnent souvent que de l'embarras, du moins aussi longtemps que l'usage du rapt ne le cède point à celui de l'achat. C'est pourquoi l'habitude de cet infanticide persista fort longtemps.

L'intérêt de la famille commanda certainement toutes les prescriptions de la coutume, dont le but est d'amoindrir le droit du père relatif à la vente de sa progéniture. Cette vente ne fut tolérée qu'au temps d'urgente nécessité, lorsque manquaient les moyens d'existence. Il ne faudrait pourtant pas méconnaître l'appui que l'intérêt de la famille dut rencontrer dans les aspirations intimes de toute religion nationale. C'est afin de sauvegarder leurs adeptes de tout contact avec les infidèles que les lois anglo-saxonnes défendent de vendre les enfants des esclaves mêmes aux Juifs et aux mécréants; tandis que l'interdiction d'aliéner la progéniture âgée de sept ans pourrait bien reposer sur la précaution de garder à la famille des personnes prêtes à devenir bientôt d'excellents travailleurs.

Les restrictions apportées à l'exercice de l'autorité paternelle n'étaient point telles qu'elles pussent lui soustraire toute influence efficace. L'intérêt même de la famille exigeait le maintien d'un pareil pouvoir. L'enfant devait être non seulement nourri et soigné pendant une série d'années, mais encore élevé, c'est à dire préparé au rôle de guerrier qui devait être son partage. D'autre part, la paix intérieure de la famille devait être observée au prix de tous les sacrifices. Ces diverses considérations firent donner au père la faculté de punir son enfant et même de le chasser. Solon reconnut ce droit aux Athéniens; mais très certainement on l'appliquait avant lui. Pratiqués sans réserve, ces droits pouvaient devenir une menace constante contre l'existence même de la communauté familiale. Aussi furent-ils limités dès l'origine. Le père garda le pouvoir de punir son fils corporellement, mais sous la condition de ne lui point ôter l'usage d'un membre. Il put lui interdire l'entrée de la maison, mais sous la réserve que cette expulsion serait sanctionnée par le conseil de famille.

Nous ferons ici connaître l'influence et les attributions de ce conseil et comment il modifia l'évolution de l'autorité paternelle. Le droit allemand lui confère de grands pouvoirs. Ils sont moins accentués dans la législation romaine. Cependant des romanistes de la valeur de Ihering déclarent que, même à Rome, le père n'exerçait son droit de vie et de mort que du consentement des *cognati, propinqui et amici*, c'est-à-dire des personnes mêmes qu'il appelait à se prononcer sur l'adultère de l'épouse. Encore que sa juridiction restât peu définie, le conseil de famille possédait une action très marquée. Néanmoins, il n'était pas nécessaire de le convoquer chaque fois qu'il fallait prendre une mesure pénale envers un enfant rebelle. La loi n'aurait pas accusé de meurtre un père qui aurait usé du droit de vie et de mort sans l'avis préalable du conseil. Il suffisait que cet avis ne se manifestât point contraire à son acte, que l'acte ne portât point le caractère d'une vengeance privée ou d'un grossier abus de pouvoir. En était-il autrement, le père pouvait être poursuivi en justice et déclaré coupable de «cædis», c'est-à-dire de meurtre. Tel fut le cas de Fabius Maximus, accusé par Pompée devant l'assemblée du peuple. ([1])

En Allemagne, le conseil de famille jouissait d'une autorité bien plus étendue; on le voit intervenir dans toutes les déterminations quelque peu importantes prises par le père à l'égard de son fils ou de sa fille. Composé des parents paternels et maternels, il gardait un prestige tant moral que juridique. Sans son approbation, on ne pouvait infliger de châtiment à l'enfant parvenu à un certain âge. Plus tard même, en cas de mauvais traitements, le fils obtint la faculté de présenter une demande en séparation devant les plus proches parents de son père, «des Vaters nechsten frunden» suivant les termes de la législation impériale([2]).

Quant au pouvoir de chasser le fils rebelle on le trouve soumis, plus que tout autre droit, au contrôle de la parenté. A Rome, on en usait au cas d'une accusation criminelle. Si le père ne se chargeait pas de répondre pour son fils, il le livrait simplement à l'accusateur (noxae dare). En fait, cela équivalait à une expulsion. De semblables expulsions étaient en usage en Allemagne et dans les pays slaves pour un crime quelconque commis sur un des membres de la famille.

Mais nulle part ce droit d'expulsion ne fut mis plus souvent en usage qu'en Grèce et en particulier à Athènes. Platon nous dit néanmoins que l'expulsion (l'apokeryxis) ne pouvait être prononcée que de l'avis du conseil de famille([3]).

---

([1]) Ihering, Geist des römischen Rechts, Edition 1860, v. II, p. 202 et 203.
([2]) Kraut, Vormundschaft, II, p. 595.
([3]) Mayer, Das Recht der Israeliten, Griechen und Römer, v. II, p. 412.

Outre les droits dévolus au père sur la personne des enfants, il lui en appartenait d'autres relatifs à leur fortune. Si la fortune du fils n'est point abandonnée à sa disposition personnelle, elle ne dépend pas non plus de l'arbitraire absolu du père. L'intérêt de la communauté l'emportant sur celui des individus, la famille seule détient les droits de possession indivise, et c'est à elle que revient de droit le travail accompli par chacun de ses membres. Certes, la faculté de disposer du fonds familial resta la plupart du temps une prérogative du père([1]), mais en tant que chef de la communauté. Dans les conjonctures graves, il n'agissait que selon l'avis unanime de ses administrés, toujours aidé et contrôlé par le conseil, parfois même destitué de ses fonctions pour cause de mauvaise gérance ou de dissipation du bien commun. Le droit des sociétés aryennes nous l'atteste d'une façon formelle de même que la coutume en vigueur des Slaves méridionaux et des Russes. «Le bien et le mal, le bénéfice et la perte doivent être communs aux membres de la famille», statue au XVe siècle le statut de Politza, une république slave de la Dalmatie; et le même principe se trouve exprimé non seulement dans les lois barbares des Germains, mais aussi dans le Miroir de Souabe (Schwabenspiegel), qui déclare formellement que toute chose acquise par le fils appartient au père, chef de la communauté([2]). Le droit romain primitif déclare dans le même esprit que les enfants sont des personnes par l'intermédiaire de qui on peut acquérir (*per quas personas cuique adquiritur*). La raison en est inscrite dans la formule: «père et fils sont reconnus être presque la même personne» (*cum pater et filius eadem esse persona pene intelligantur*). Dans l'Inde brahmanique, le gain du fils, aussi longtemps qu'il reste membre de la communauté familiale, appartient

([1]) *Filii sui filiaeque bonorum et curam gerat et fructus capiat pater*, lisons-nous dans le Gragas islandais (1ère partie, p. 192).

([2]) Schwabenspiegel, 1ère partie, V, p. 17; 2ème partie, VIII, 1; 3ème partie, VIII.

de droit à cette communauté. Le même principe régit encore les relations de fortune entre pères, fils et petits-fils dans les zadrugas serbes et les grandes familles de la Russie centrale.

Rien de mieux prouvé d'autre part que le droit pour les fils de contrôler l'usage que le père faisait de la fortune commune, surtout quand il l'aliénait. En général, la loi ne permettait pas cette aliénation. Telle est encore la théorie de l'Inde et celle des Slaves méridionaux. En certaines circonstances pourtant, l'aliénation devient une nécessité: d'abord par l'impossibilité de subvenir autrement à l'entretien de la famille, lors des temps de disette par exemple; et puis par l'urgence de dépenses extraordinaires destinées à assurer la félicité des ancêtres défunts, comme le paiement des offices funéraires, les donations au clergé «*pro anima parentum suorum*». L'Inde brahmanique reconnaît ces exceptions; de même que l'Allemagne du moyen-âge, l'Irlande à l'époque de son indépendance et les sociétés sudo-slaves modernes. Aussi les donations au profit du clergé sont-elles les plus anciennes causes d'aliénation du fonds familial qu'admettent également les codes brahmaniques, les traités des Bretons irlandais et les lois barbares des peuples germaniques.

Pour devenir valable, toute aliénation exigeait la sanction de la communauté familiale. Tel est encore l'usage des Sudo-slaves. L'Inde et l'Allemange du moyen âge réclament le consentement de la famille. Les anciens actes de donations et de vente le mentionnent d'ordinaire en des expressions comme: «*consentientibus filiis et propinquis meis*». L'éminent historien de la famille slave, M. Spilevsky, cite plusieurs textes établissant le droit pour la communauté d'octroyer ou de refuser son consentement à l'aliénation de la propriété familiale. «*Liberis et universis heredibus rata stipulatione consentientibus*» est une formule fort usitée en Bohême et en Pologne. Dans les vieux actes de vente conservés aux archives russes, on relève des expressions munies d'un sens analogue[1]. De même pour l'Allemagne et la France. Plus explicites encore sont les statuts des villes. Ainsi le statut de Goslar permet au fils majeur continuant de vivre avec ses parents, de refuser son acquiescement à l'acte de disposition présenté par son père[2].

Enfin le droit pour la communauté d'enlever l'administration des biens au père dissipateur, se confirme non seulement dans la coutume existante des sudo-slaves, mais encore dans les statuts des villes allemandes comme Brême (1428).[3]

Tous ces faits nous induisent à cette conclusion que le pouvoir paternel ne fut point arbitraire sous la famille patriarcale et se manifesta sous des apparences très modérées. Il dérivait du droit de possession acquis par le père sur l'enfant de la femme épousée ou pour mieux dire achetée; et on le maintint dans l'intérêt de la paix intérieure et du bien-être matériel de la famille. Ce but suprême de l'autorité paternelle réglementa ses destinées. Confiée au chef de la communauté, elle fut limitée et contrôlée par le conseil familial, qui de la sorte parvint à régir les rapports mutuels du père aux enfants, aussi bien que ceux du mari à la femme.

Les enfants nés du mariage ne dépendaient pas seuls de l'autorité paternelle; ceux qu'on adoptait lui étaient également soumis; et la famille put ainsi se maintenir et se propager par le moyen d'éléments hétérogènes. M. Maine nous a révélé l'origine de ce mode de parentage. C'est lui qui nous a fait connaitre le rôle joué par la fiction dans le développement des institutions familiales et spécialement de l'adoption. Mais, tout en acceptant sa théorie, je ne saurais

---

(1) Spilevsky, Les Autorités familiales chez les Slaves et les Germains (en russe), p. 214—216.

(2) Stobbe, *Aufhebung der Väterlichen Gewalt* dans *Beiträge zur Geschichte des deutchen Rechts*, p. 21.

(3) Kraut, Vormundschaft p. 304.

croire que l'adoption puisse se ranger parmi les coutumes que créa l'enfance de l'humanité. Quand je considère les résultats directs de l'adoption, il me faut bien reconnaître qu'elle ne pouvait s'accomplir en faveur d'une famille sans qu'une autre famille consentît à perdre l'un de ses membres. Or, cela ne pouvait advenir que dans des conjonctures tout-à-fait particulières et en cas de force majeure. La famille de l'adoptant devait à son tour supporter le partage de ses bénéfices avec un intrus qui, jusqu'alors, ne lui tenait par rien de commun, ni par le culte des ancêtres divinisés, ni par le travail collectif. Que de préjugés heurtés, que d'intérêts lésés suppose l'acquiescement de la famille. Aussi, selon moi, l'adoption se répéta-t-elle moins souvent qu'on ne le rapporte.

Les tribus sauvages des Peaux-Rouges de l'Amérique du Nord, aussi bien que les Ossètes et autres peuplades barbares du Caucase, ne pratiquent l'adoption que dans un nombre fort restreint de circonstances graves. Une guerre intestine occasionnée par le meurtre, ou quelque forfait commis de famille à famille, de tribu à tribu, a sévi pendant plusieurs années. Des tiers interviennent et suggèrent aux deux familles de conclure la paix. Cette paix se traite aux conditions suivantes. On paye une composition à la famille de la victime et en même temps, un des membres adultes du clan des agresseurs entre, par voie d'adoption, dans le clan offensé. Dorénavant il occupera la place laissée vacante par le défunt, il portera même son nom, et les adoptants lu attribueront les mêmes droits et les mêmes devoirs qui incombaient à la victime.

Sauf en cette circonstance, la famille demeure généralement hostile à l'adoption d'un étranger demandant à participer aux avantages qu'elle retire de sa fortune; elle ne l'admet que dans le cas où elle arrive à manquer de postérité. Le fils adoptif est contraint alors de s'établir avec l'adoptant et même de prendre son nom. Cette coutume est exactement suivie par les Slaves méridionaux et les paysans de la grande Russie. Elle le fut aussi des Athéniens qui mariaient l'héritière (epiclera) à un de ses parents et reconnaissaient pour leur propre descendance l'enfant issu d'une pareille union. Les codes brahmaniques, les lois de l'Irlande et plusieurs législations coutumières du moyen-âge mentionnent des adoptions semblables.

Sans vouloir plus longtemps approfondir un sujet traité tant de fois par d'autres écrivains, nous terminerons cet aperçu en disant que le fils adoptif acquiert tous les droits du fils. Tous deux sont également soumis à l'autorité paternelle et au contrôle des autres membres de la communauté familiale. La cérémonie imposée par la coutume en cas d'adoption simule l'acte accompli par les parents quand ils témoignent le désir de garder le nouveau-né. J'ai dit que cet acte consistait à le pourvoir de nourriture. Aussi voit-on, dans les cérémonies adoptives, un homme fait s'approcher de la personne qui sera dorénavant sa mère et appliquer les lèvres à son sein. Tel est encore l'usage des Ossètes. Chez d'autres tribus, le père adoptif représente la mère; dans ce cas, l'acte symbolique semble avoir perdu toute signification réelle.

# DIXIÈME LEÇON.

Les leçons précédentes nous ont retracé l'histoire de la famille et de la propriété aux deux époques successives de leur formation : celle du matriarcat et celle du régime patriarcal. Pour terminer notre tâche, il suffira de relever les causes qui amenèrent la dissolution du patriarcat et d'indiquer suivant quelles idées directrices s'effectua l'évolution ultérieure de la famille et de la propriété.

Avant tout, il nous faut dire quels germes de décadence portait en elle la famille patriarcale. Selon nous, il importe de les rechercher dans le phénomène social le plus caractéristique de sa constitution intérieure : la sujétion parfaite de l'individu à la communauté et à son représentant, le père et le mari. L'anéantissement total de la liberté individuelle en était la suite inévitable.

Il nous plaît à relever avec M. de Laveleye l'avantage positif de pareilles associations, leur aptitude à réunir les bienfaits de la grande culture et de la petite propriété et à rendre impossible le prolétariat, grâce à l'union étroite du capital et du travail. Cependant, comme l'observe M. Le Play, il faut reconnaître que ces sortes de communautés « maintiennent dans le régime du travail et dans l'ensemble des rapports sociaux, l'attachement au passé plus que la préoccupation de l'avenir, l'obéissance plus que l'initiative. » Cet écrivain ne se trompe pas, lorsqu'il affirme qu'en «imposant aux esprits un état de contrainte morale et matérielle, la communauté patriarcale arrête l'essor qu'auraient pu prendre dans une situation indépendante les individualités éminentes de la famille»(1).

Il importe de joindre à ces remarques les observations judicieuses de M. Anatole Leroy-Beaulieu qui, ainsi que son compatriote Le Play, a fait un séjour prolongé en Russie, où les communautés de famille sont encore une institution vivante.

«Chez un peuple pauvre et chez des hommes grossiers, tout n'est point profit et vertu sous le régime patriarcal. On sait combien de maux de toutes sortes dérivent, dans les grandes villes d'Occident, de l'étroitesse des logements et de l'entassement des individus. Les inconvénients ne sont pas moindres en Russie, quand une étroite izba réunit plusieurs générations et plusieurs ménages et que, durant les longues nuits d'un long hiver, les pères et les enfants, les frères et leurs femmes couchent pêle-mêle autour du large poêle. Il en résulte une sorte de promiscuité aussi malsaine pour l'âme que pour le corps. Chez le moujik, alors même que les enfants mariés habitaient plusieurs izbas disposées autour de la même cour, l'autocratie domestique était un danger pour l'intégrité et la chasteté de la famille. De même que le propriétaire noble sur les serves de ses domaines, le chef de maison s'arrogeait parfois une sorte de droit du seigneur sur les femmes soumises à son autorité. Le chef désigné du surnom *le Vieux*, qui, grâce à la précocité des mariages, avait souvent à peine quarante ans, prélevait sur ses belles-filles un tribut que la jeunesse ou la dépendance de son fils leur défendait de lui contester. Il n'était point rare de voir ainsi le foyer domestique souillé par l'autorité qui en devait maintenir la pureté»(2).

(1) Laveleye, De la Propriété et de ses formes primitives. 1:ère éd., p. 215. Le Play, La Réforme Sociale, 5:ème édition, v. I, p. 364.

(2) L'Empire des Tzars et les Russes. Ch. VI, p. 488.

A ces différentes citations, je puis ajouter des extraits empruntés aux comptes-rendus des starschines ou chefs de villages. Répondant à une série de questions posées par l'ordre du gouvernement, ces témoins quotidiens de la vie des campagnes ont donné les informations suivantes.

Les partages devenus en ces derniers temps très fréquents ne s'opèrent que pour résoudre des querelles intestines. Les femmes paraissent y prendre une grande part. Leur rôle dans la communauté demeurant fort effacé, elles prétendent s'imposer à leur tour en maîtresses de maison indépendantes. Et ce désir prime toutes les considérations qui plaident en faveur du système indivis. On invoque alors, pour raison péremptoire de la nécessité du partage à effectuer du vivant même des parents, le souhait exprimé par les fils adultes de vivre à leur volonté(1). Ce qui forme donc le fonds de toutes ces réclamations contre le régime de la communauté, c'est le besoin impérieux pour chacun d'assurer sa liberté.

Les partageants désirent avant tout s'appartenir, n'être plus contenus ni gouvernés, pouvoir mettre leurs actes en accord avec leurs volontés, être en un mot une individualité et non la partie infime d'un tout.

C'est donc l'instinct d'individualisme qui mine et désagrège l'institution de la communauté familiale; c'est lui qui incite les membres majeurs de la famille à revendiquer la libre disposition de leurs acquêts et à devenir les promoteurs du partage forcé accompli du vivant du père.

Les législations de l'antiquité et du moyen-âge attestent que la décadence de la famille patriarcale n'eut point d'autre cause.

Dans l'Inde même, où la communauté se soutint avec une vitalité tout-à-fait exceptionnelle, les premiers empiète-

(1) M. Pachmann, ex-professeur à l'université de S:t Pétersbourg, a recueilli soigneusement tous ces témoignages dans son livre érudit sur le droit coutumier russe, II. v., p. 23.

ments de l'individualisme remontent à l'époque très ancienne de la rédaction des codes brahmaniques. Le code de Manou se prononce encore en faveur des droits de la famille sur les acquêts individuels faits par ses membres. Néanmoins il attribue à l'acquéreur certains bénéfices, en cas de partage lui garantissant une part double de celle qui échoit à chaque personne de la communauté. Il n'en est plus ainsi au V et VI siècles avant J.-C., époque, à laquelle les progrès de l'individualisme peuvent se mesurer d'après les dispositions suivantes. La dot donnée par le père, comme le présent fait par un ami, reviennent exclusivement à leurs destinataires, déclare la Yajnavalkya. En cas de partage, promulguent à leur tour les «Institutes de Narada», tout ce qui provient de la bravoure et du savoir appartient à l'acquéreur seul. (1)

La même transformation dans les idées semble s'être produite de bonne heure à Rome. Le «peculium castrense», le butin de guerre, fut la première chose que put s'approprier l'individu sans la partager avec les membres de sa famille. Peu à peu le même privilège s'étendit à tous les bénéfices acquis au service de l'Etat et de l'Eglise et aux objets apportés en dot par la femme. En sorte qu'auprès du «peculium castrense» se constitua un «peculium quasi castrense». (2)

Tel qui tiendrait à connaître quel procédé de raisonnement guida de pareilles dispositions ne saurait mieux faire que d'interroger les mœurs actuelles des Slaves méridionaux. Ces peuplades entrent dans la période de dissolution de l'ancienne communauté familiale, la zadruga. Un observatour

(1) Ces textes sont cités au long dans mon livre intitulé «La Communauté Agricole, les causes et les effets de sa dissolution» — Moscou 1879, p. 110.

(2) Pour ce qui concerne le droit romnain, j'ai suivi dans mes leçons l'admriable exposé de son évolution publié par l'ex-professeur Mouromtsev. Le livre de mon ancien collègue s'intitule: «Le Droit Civil de la Rome Antique». A l'heure présente, il fait autorité dans nos écoles supérieures.

aussi impartial que M. Bogisich, le célèbre législateur du Monténégro, pourra communiquer sur ces matières des renseignements sûrs, et je ne saurais assez recommander la lecture de ses ouvrages. La coutume encore en vigueur récemment parmi les serfs gratifiait la communauté des acquêts individuels. «En quelque lieu que soit conduite la vache», dit un proverbe très connu, «c'est toujours à la maison qu'elle vèle», cela signifie: de quelque manière que l'associé s'enrichisse, il doit partager son bien avec la communauté. Aussi un membre de la zadruga a-t-il rencontré la fortune à l'étranger, il n'en donne pas moins à son retour, sinon tout son gain, du moins une partie à la communauté.(1) Aujourd'hui la coutume sudo-slave reconnaît déjà un certain pécule. Au Monténégro il n'est autre que le «péculium castrense», le butin fait à la suite d'un combat. Les armes de l'ennemi appartiennent de droit au vainquer. En Bulgarie, les cadeaux reçus par la nouvelle mariée, ordinairement le jour des noces, viennent se joindre au «peculium castrense» et constituent la propriété exclusive de la femme. Quant à la dot, quelqu'en soit la nature: bétail, immeuble ou argent, la communauté l'absorbe. La femme ne la peut reprendre qu'au moment de la dissolution de la zadruga; elle ne peut en aucun cas exiger pour elle les fruits déjà perçus. C'est la Serbie d'Autriche qui autorise le pécule le plus considérable. On permet aux prêtres de retenir les offrandes versées pour un mariage, un baptême ou un enterrement; mais ils retournent à l'association les taxes annuelles que leur paient les habitants à titre d'honoraires. Les objets qu'il trouve, les dons qu'il reçoit, appartiennent à l'associé que favorise la fortune, de même que le gain de son commerce ou de son métier. Les jeunes hommes qui se consacrent à la

(1) Si l'associé a quitté sa famille par l'ordre du chef, ce qu'il a gagné appartient à la caisse commune; et s'il est parti spontanément, il ne doit rien à l'assoication.

marine, conservent légalement toutes les primes de leurs voyages maritimes. On considère la dot de la femme comme son pécule propre. Dans quelques régions de la Serbie on la confie même parfois non au chef de la communauté mais a quelque paysan du lieu qui en rapporte annuellement les produits, en y prélevant toutefois une redevance.(1)

L'individualisme qui mine l'intégrité de la famille patriarcale laisse paraître son influence encore sous d'autres aspects. Inconnu à l'origine, subordonné exclusivement à la volonté du chef, le partage devient peu à peu licite non seulement à l'heure de sa mort, mais aussi de son vivant. Si l'on interroge les textes des plus anciennes lois, le code de Manou, les lois barbares et les vieux statuts des Slaves, on n'y rencontre point le partage mentionné comme moyen légal de sortir de l'indivision. Le père peut émanciper le fils, lui céder une partie de sa fortune et l'établir à la tête d'un ménage distinct; mais le fils n'exerce point le droit de réclamer le partage, de le forcer à se dessaisir de la plus minime partie de son bien, de même qu'il n'est point accordé à la fille d'insister pour obtenir une dot. Cette dot peut lui être octroyée, mais elle peut lui être aussi refusée. Dans tous les cas elle ne doit rien requérir en justice.

Il serait oiseux, pour appuyer ma thèse de preuves faciles, de citer des textes de loi et des décisions judiciaires prises en tous pays, dans les législations mortes ou survivantes. Je me bornerai à invoquer en témoignage les coutumes et les lois de quelques peuples de la race aryenne.

Dans l'Inde, tandis que le code de Manou ne tolère le partage que consenti par le chef de la communauté,(1) les Institutes de Narada signalent déjà un partage résultant de l'entente mutuelle des membres de la communauté. Selon la vieille législation indoue, le chef ne pouvait être con-

(1) Le Droit Coutumier des Slaves Méridionaux d'après les Recherches de M. V. Bogisich. Paris 1877, p. 68.

traint au partage. Maintenant la haute cour de Benarès autorise chaque citoyen à exiger livraison de sa quote-part. ([2])

La même évolution paraît avoir transformé la coutume des Germains. Dans une formule visigothique, la règle qui attribuait au père seul le pouvoir de partager le bien-fonds de la famille, se manifeste sous les termes suivants: «l'ancienne coutume et les dispositions des lois ont établi que les pères voulant émanciper leurs fils adultes ne leur concèdent une part de patrimoine commun que s'il leur plait de le faire (quod tamen patres voluerint concedant).» Les statuts de certaines villes comme Dortmund sont encore plus explicites sur ce point: «l'enfant ne détient pas le droit de forcer le père ni la mère à partager avec lui de leur vivant.» Le statut de Burgdorf exprime la même idée sous une autre formule: nul bourgeois n'est contraint de son vivant à nantir ses enfants d'une part de fortune; (nullus burgensis portionnem liberis suis dabit, dum viverit, nisi voluerit.) ([3]) La maxime commune, «ne dote qui ne veut» pose le même principe contre les filles; elle faisait loi dans l'ancienne législation française.

La fortune maternelle offrit aux enfants les premiers droits distincts de ceux du père; et le partage de ces biens fut le premier qu'ils purent réclamer. La loi des Visigoths le proclame évidemment: quiconque a atteint l'age de vingt ans peut revendiquer du père la part qui lui doit revenir de la fortune de la mère défunte. Les anciennes lois de Danemark promulguent le même principe. Les statuts des villes le dépassent, lorsqu'elles soumettent à la même obligation, la fortune du père contractant un nouveau mariage ou dissipant le patrimoine commun. ([1]) Mais le partage obligatoire, capable d'être requis en justice par le fils adulte

([1]) Livre IX article 104.

([2]) Each of the coparceners has a right to call for a partition. (Maine Hinds law and usage, p. 238.)

([3]) Kraut. Die Vormundschaft, II, p. 594, ann. 11.

et forçant le père à renoncer aux deux cinquièmes, pour le moins, de sa fortune, ne se trouve que dans le Schwabenspiegel, au XIIIe siècle de l'ère chrétienne.

L'évolution du droit slave sur la liberté du partage suit exactement la même marche. En Pologne, en Bohème, en Lithuanie, en Moscovie, les enfants ne doivent pas réclamer le partage et le père demeure juge d'assigner au fils la part qu'il lui convient, de doter ou de ne point doter sa fille. Même, en Russie du moins il pouvait contraindre son fils à restituer le pécule reçu en partage pour raison d'ingratitude. Les statuts des villes dalmates et la législation postérieure des Tchèques dénaturent ces dispositions. Ils obligent peu à peu le père d'abandonner au profit de son fils une fraction de sa fortune. Il en était ainsi toutes les fois que le père convolait à de secondes noces ou bien lorsque le fils contractait un mariage consenti des parents, ou, encore lorsqu'arrivé à l'âge de quinze ans, il trouvait bon de réclamer le partage. (1) Dès que les enfants eurent obtenu de tels privilèges, un terme fixe s'imposa que l'autorité des parents ne put dépasser. A Rome, pourtant, le fils restait dépendant toute sa vie, à moins d'être émancipé librement. L'ancienne société des Germains ne reconnaissait pas davantage de majorité légale. M. Stobbe, qui énonça le premier cette verité, le prouve par des citations nombreuses. Il ne suffisait pas d'atteindre un certain âge pour que l'émancipation fut chose acquise; le fait de porter les armes n'en valait pas non plus la jouissance; il fallait encore s'établir et tenir un ménage indépendant; condition qui exigeait le partage préalable du fonds familial. (2)

Tous ceux qui traitèrent spécialement de l'ancien droit

---

(1) Statuts de Goslar et de Brême.—Kraut, Vormundschaft II, p. 529, ann. 23; p. 598, ann. 22.

(2) Spilewsky — Autorités familiales; p. 210.

(3) Stobbe. — «Ueber die Väterliche Gewalt» dans Beiträge zur deutschen Rechtsgeschichte, 1865.

slave, et, parmi eux, le célèbre légisst et historien polonais Maciewsky, ne doutent point que l'autorité paternelle ne cessât avec le partage. Le statut de Vislitza le signale de la façon la plus catégorique en déclarant que le fils non émancipé demeure sous l'autorité du père et vit dans l'indivision avec ses frères. (1)

Toute notion de majorité légale fait par conséquent défaut sous le régime d'indivision qui caractérise la famille patriarcale. Elle n'apparait qu'à la suite de la dissolution de la communauté. Quand les enfants arrivés à un certain âge possédèrent la faculté de contraindre leur père au partage, les droits de la majorité furent reconnus. Ceci n'arriva en Allemagne que vers la moitié du XIII° siècle. Le Schwabenspiegel fut le premier à reconnaître qu'à vingt cinq ans le fils obtenait le droit au partage. Quant au monde slave, la notion légale de la majorité ne parvint à s'y établir qu'un siècle plus tard. (2)

Le partage obligatoire étant intimement lié avec le droit de succession, il nous faut rapporter l'origine de ce droit à l'époque où commence la dissolution de la famille patriarcale. Jusqu'alors le décès du père n'engendrait d'autre effet qu'un changement de personne en la place d'administrateur du bien commun. Quand on admit le partage, il fallut d'abord savoir de quelle façon on y procéderait. La coutume détermina la quote-part de chacun des membres de la famille dissoute. C'est ainsi que s'établit ce que l'on appela plus tard l'ordre de succession. On croirait à tort que l'égalité fut partout la règle. Dans bien des pays, le fils ainé, auquel incombaient les devoirs du culte familial et qui devait en fournir la dépense, fut spécialement protégé par la coutume. En sa faveur un préciput fut établi, c'est-à-dire qu'on lui alloua une part plus forte que celle des autres frères.

(1) Filius nondum emancipatus, in paterna constitutus potestate, nec a fratribus divisus vel separatus ....

(2) La *Majestas Carolina* tchèque en parla la première.

Telle fut la règle suivie à Athènes, dans l'Inde antique, la Germanie de Tacite et les divers états qui en sortirent. Le privilège de primogéniture dut à ce germe son extension future; mais il fallut un concours de circonstances tout-à-fait exceptionnelles pour que le préciput aboutît à ce résultat. Seules quelques sociétés d'un caractère eminemment militaire laissèrent l'ainé exclure les cadets de toute la succession. Les sociétés féodales adoptèrent généralement cet usage. Mais la transition demanda du temps. Beaumanoir, le plus ancien feudiste français ne déclare point l'ainé seul héritier de la famille; il ne lui attribue que les deux tiers de la fortune laissée par les ascendants directs.(¹)

Souvent, à coté du préciput de l'ainé se trouve celui du cadet et l'on se demande comment put naitre un tel privilège. L'explication, qui me parait être la moins sujette à contradiction, est la suivante: la plupart du temps, son âge appelle le puiné à jouir de l'indivision pendant une période plus longue que ses frères qui, arrivés à la majorité, auront quitté le ménage commun. Par suite il est censé prendre une part plus considérable à l'acquêt de la fortune qu'il s'agit de partager. Ses autres frères sont établis, et chacun a son ménage; il est le seul à ne pas avoir de maison et d'outillage; aussi lui laisse-t-on ceux de son père en dehors d'une part d'héritage égale à celle de ses frères; en sorte qu'il lui échoit un préciput qui plus tard deviendra l'origine du «minorat» ou de la succession privilégiée, et quelquefois même exclusive, du puiné. Le minorat resta généralement l'apanage des paysans, de la partie la moins belliqueuse de la société, de celle qui se voua toujours le plus au travail manuel. On le retrouve parfois au sein de la bourgeoisie des villes. En Angleterre, par exemple, on le nomme *borough english,* ce qui signifie: coutume des bourgs anglais ou plutôt anglo-saxons.

(¹) Us et coustumes de Biauvoisie.

Dans les deux cas il appartient à un ordre de choses opposé au militarisme, qui forme le fonds de l'existence des classes dirigeantes du monde féodal. L'unité de direction et de commandement si importante pour ces classes ne s'impose pas au même degrè à celles qui leur sont soumises. L'intérèt économique remplace chez celles-ci l'intérêt militaire. Il ne leur importe pas de savoir à qui appartiendra le commandement, mais qui remplira le rôle de principal producteur. Comme les réponses à ces questions diffèrent, on conçoit par quelle suite de raisons l'ainé hérite parmi les chevaliers, tandis que le «villenage», le monde rustique, favorise les cadets.

Les préciputs de l'ainé et du cadet ne s'excluent pas mutuellement. Souvent on les trouve consignés côte à côte dans les mêmes recueils juridiques, tels que les codes indous, le Vasishta et le Gautama, ou pratiqués par la même coutume. Chez les Ossètes, quand l'ainé hérite de l'armure, le cadet reçoit la maison et le reste se divise en portions égales.

En traitant du partage nous avons étudié le cas où le père ne laissait à sa mort que des héritiers mâles. Mais quand la famille comprend parmi ses membres des filles à marier ou épousées déjà, on voit surgir la question: si on les admettra à l'héritage, et dans quelle proportion. La plus ancienne solution, la seule intéressante pour nous, privait la fille mariée de tout droit. Pour celle qui demeurait encore sous le toit paternel, la coutume lui assurait ordinairement une dot consistant en biens meubles. D'ailleurs cette dot n'était pas obligatoire. A l'occasion les frères, comme le père, pouvaient s'en dispenser. Le plus fréquemment on ne dotait point les filles épousées sans le consentement de leurs parents. A cet égard, l'adage français «ne dote qui ne veut» exprime bien clairement le principe de l'ancien droit.

Pour expliquer les motifs qui empêchaient l'héritage de la fille, il nous faut encore une fois rappeler le caractère cohésif de la famille patriarcale. Nous savons comment elle gardait le souci de ne point aliéner son patrimoine, comment elle interdisait à son chef d'en disposer sans l'avis unanime de tous les membres. Or accepter la fille au nombre des héritiers, n'était-ce point sanctionner la diminution du fonds commun, son aliénation partielle en faveur d'un tiers, le fiancé. Ce ne pouvait être l'intention du législateur antique si scrupuleux sur le maintien de la coutume et si ennemi des innovations. Aussi les anciens codes renient-ils en parfaite unanimité le droit héréditaire des filles. La loi des douze tables, aussi bien que le code de Manou, les lois, Salique et Ripuaire, le repoussent sous la condition, toutefois, que le défunt laisse des mâles. [1] Au cas contraire la législation athénienne, par exemple, lui attribuait toute la fortune; mais sous l'obligation expresse d'épouser un parent et de faire revivre la lignée éteinte.

On pourrait examiner encore bien d'autres questions relatives à l'héritage des ascendants et des collatéraux; on pourrait rechercher l'origine de ce qu'on appela plus tard le droit de représentation, droit qui consiste à reconnaitre aux arrières petits-fils la part d'héritage qui devait revenir à leur père mort. Mais ces questions sont d'une si grande complexité qu'elles exigeraient un nouveau cours. Le droit de succession se rattache par tant de points au droit public, au régime de la propriété et à l'organisation des classes, qu'on ne pourrait en épuisser l'examen sans entreprendre tous ces sujets à la fois. Un pareil labeur dépasse notre temps et je préfère m'en tenir aux notions que vous venez d'entendre.

---

(1) L'édit si connu de Chilpéric introduisit le premier dans la législation franque le droit à la succession par les filles. Consultez là dessus l'excellent article de M. Gierke.

# ONZIÈME LEÇON.

Le partage dont nous avons traité dans la leçon précédente, amène nécessairement à sa suite l'établissement de ménages distincts composés du mari, de la femme et des enfants mineurs. Ces ménages forment ce que, par opposition au matriarcat et au patriarcat, on a dénommé la famille individuelle. Venue la dernière, elle demeure encore le principe de notre ordre social. Ce fait seul pourrait nous dispenser d'en retracer le caractère.

Si, néanmoins, nous jugeons nécessaire d'ajouter cet épilogue à notre cours, nous ne visons rien autre que de mieux faire ressortir les traits propres aux deux premières phases sociales, dont l'évolution successive a fourni la matière de ces leçons. Dès lors il restera évident que nous ne tenons point à rendre complet cet essai. Beaucoup de choses, et des plus considérables, touchant à l'organisation actuelle ne seront même pas mentionnées. Les différences que présente la constitution familiale des divers peuples modernes, et leurs rapports intimes avec les conditions exceptionelles de leur existence, l'influence incontestable de la race, de la religion et du climat, et toutes les causes dont la totalité constitue ce que l'on a appelé l'esprit de la nation, ne pourront nécessairement surgir de l'ombre. Nous n'aurons d'autre dessein que celui de faire ressortir la marche générale du développement de la famille.

La caractéristique de la famille individuelle c'est l'union librement consentie, la cohésion de ses membres, l'observation de devoirs mutuels et de droits communs, c'est le degré d'égalité où tendent les relations du mari à la femme, c'est enfin la sujétion du groupe entier au contrôle de l'Etat et de ses tribunaux. Ces signes divers de la famille individuelle exigent nécessairement des études séparées.

Le premier, le droit romain impérial donna au monde l'exemple du mariage réduit au mode de contrat librement convenu et privé de toute apparence sacerdotale. La con-farreatio et la coemptio, les deux cérémonies solennelles marquant l'entrée en union conjugale, disparaissent presque à cette époque;(¹) et le mariage informe, l'usus, devient de règle générale. En même temps la simple cohabitation revêt une importance juridique, qui lui manquait auparavant. Cette révolution s'opéra sous Auguste par le moyen des lois Julia et Pappia Papea qui promurent le concubinat au rang d'union contractée pour la vie.

La législation canonique du moyen-âge dérive directement de cette dernière phase de l'évolution dans la famille romaine. On a prétendu à tort que les pères de l'Eglise et les docteurs des premiers siècles chrétiens avaient introduit, dès le commencement, l'idée de sainteté et d'indissolubilité du mariage. Ils se contentèrent simplement de recommander aux fidèles la consécration des unions librement consenties par la bénédiction postérieure de l'Eglise. Ce fait ressort non moins de la décision des conciles que de la pratique journalière des églises grecques et latines au XII° et au XIII° sciècles. Les métropolitains de Kiev, Jean et Maxime, se plaignent encore amèrement de la façon dont se contractent les mariages parmi le vulgaire. Selon leurs dires, le peuple recourt rarement à la consécration des noces par

(¹) La Confarreatio ne fut gardée que pour les cas fort rares du mariage des flamines diales.

l'Eglise. Tout en la recommandant aux fidèles, ces écclésiastiques ne se prononcent point pour la nullité de pareilles unions et les acceptent pour légales. Au XVe siècle de semblables réclamations s'élevèrent au sein de l'Eglise de Novgorod; et le métropolitain Fotius n'imagina point d'autre moyen pour conjurer le mal que d'infliger aux coupables trois ans de pénitence publique; leur mariage restait officiellement reconnu. (¹)

Quant à l'Eglise latine, son attitude envers les mariages contractés par la voie de l'usus sans consécration préalable est dépeinte par M. Glasson de la manière qui suit. «Comprenant qu'il n'était pas possible de déraciner instantanément des usages fondés sur les lois, l'Eglise de Rome elle-même proclama que la bénédiction nuptiale était seulement un pieux usage et admit que le mariage serait valable, même comme sacrement, par le seul échange des volontés des partis.» Un texte de Pierre Lombard confirme cette assertion le plus catégoriquement du monde. «L'essence du sacrement de mariage n'est pas la célébration du mariage par le prêtre, mais le consentement du mari et de la femme (cap. 30, x *de sponsalibus et matrimoniis*)».(²)

Les livres canoniques russes ne se montrent pas moins explicites à cet égard. La Cormchaia (ch. 50) déclare que la première question adressée par le prêtre aux fiancés demandait s'ils contractaient l'union librement. Le manque absolu de toute contrainte comme condition indispensable de la validité du mariage dispensa vite les enfants d'en appeler à leurs parents et de se munir chaque fois de leur permission. Cette conclusion acceptée par l'Eglise latine, le fut aussi par l'Eglise grecque du moyen-âge, toutes deux s'étant départies sur ce point des préceptes du droit romain qui, jusqu'à la fin de l'empire d'Orient, requit le consente-

(¹) Esquisse de l'Histoire du Droit Russe par Wladimirsky. — Boudanov, IIe opuscule, Année 1886.

(²) Glasson. — Le mariage Civil et le Divorce; p. 207—209.

ment des parents comme condition *sine qua non* de la validité du mariage.

La réforme de Luther et celles qui lui succédèrent, rétrogradèrent sensiblement: «tu ne dois pas te marier dans le coin contrairement aux vœux de tes parents, écrit Luther, car ils méritent qu'on leur adresse cette requête, et ceux qui s'y refusent agissent non seulement d'une façon injuste, mais encore déraisonnable. Car un mariage qui réussit mal est un grand malheur que l'avis des parents, consultés à temps, aurait pu empêcher.» [1]

Fidèle à cette doctrine, le droit canon de l'eglise réformée entache de nullité les unions conclues sans l'acquiescement des parents. Plus d'une législation moderne accepta cette thèse; avec certaines restrictions d'ailleurs, elle fut mise en pratique tant par les réformés, que par des peuples catholiques, tels que les Français. Nous la trouvons consignée dans le code moderne des Russes, qui à cet égard se trouve être en parfait désacord avec la législation antérieure. [2]

L'Eglise latine ne resta pas toujours fidèle au principe éminemment juste et fort avancé qui voulait reconnaître au mariage la qualité d'un contrat conclu à vie, mais librement consenti. Le concile de Trente voulut y voir un sacrement. Le mariage ne garda de valeur que sous la condition d'être solennisé par l'Eglise. D'un acte civil qu'il était antérieurement, il devint un mystère religieux. Rendons cette justice aux gouvernements catholiques de l'Europe qu'ils ne se laissèrent jamais convertir à ces prétentions extravagantes du pouvoir sacerdotal. Bien que le plus catholique des rois de France, Louis XIV était trop soucieux des prérogatives de l'autorité séculière pour conférer au clergé, consommant des unions matrimoniales, un caractère autre que celui d'officier ministériel, accomplissant un acte ordonné par l'Etat. Ce qui n'empêche point que les réformés, ne pouvant con-

(1) Unger. — Die Ehe in ihrer welthistorischen Entwickelung; p. 149.
(2) Vladimirsky — Boudanov, ouvrage cité, p. 99 et 109.

tracter leurs unions devant un clergé catholique, une bonne partie des sujets de sa Majesté Très Chrétienne fut censée vivre en concubinage, situation abjecte aux yeux de l'Eglise. Une semblable organisation ne pouvait éternellement durer; et les lois contemporaines des peuples catholiques eux-mêmes reprennent l'idée antérieure du mariage civil qui, loin d'être une inovation suivant la croyance générale, restaure une antique vérité, oubliée pendant des temps et qui rentre triomphale dans le monde. (1)

Union libre, le mariage tend aussi à se transformer en une union de personnes exerçant l'une envers l'autre des droits et des devoirs égaux. Dès la sortie du moyen-âge et même quelques siècles plus tôt les dispositions législatives ne mentionnent plus la faculté pour le mari de maltraiter impunément sa femme, de l'emprisonner, de la céder à d'autres comme un bétail.

Cela s'applique non moins bien à la législation des peuples d'origine germanique qu'à la législation des Slaves en général et à celle des Russes en particulier. La femme russe n'était pas plus asservie à son mari, quelqu' idée qu'on s'en fasse à l'étranger, que l'épouse occidentale ne l'était au sien. La preuve se trouve dans la situation relativement avantageuse que lui concède la loi au point de vue de la fortune. Deux régimes paraissent avoir été suiv. en même temps dans la Russie des Czars: celui d'une parfaite communauté des biens conjugaux et celui d'une communauté relative. Le premier fut en vigueur dans la partie occidentale, la région soumise au statut de Lithuanie dont les dispositions à ce sujet furent incorporées dans les lois particulières de la petite Russie (1); le second dans la Russie septentrionale ou Moscovite, régie par les «Justiciers du XVI siècle et le code de czar Alexis. Dans la première de ces deux régions, qui devint plus tard la Lithuanie et la petite

---

(1) Pour les détails voir le livre déjà cité de M. Glasson.

Russie, le mari devait assurer à la femme le droit d'hypothèque sur une partie de sa fortune, partie plus ou moins considérable, en raison directe de la dot. On la nommait «veno». Si le mari dissipait la fortune de sa femme, celle-ci compensait la perte en se faisant adjuger le «veno». La Moscovie ignora ces règles. Sauf cette exception, la fortune des conjoints y fut régie de la même façon, son administration appartenant au mari et sa disposition aux conjoints réunis et agissant d'accord. En cas de mort ou de divorce, la fortune des deux conjoints redevenait divise. Au lieu de faire deux parts égales tant de l'apport des conjoints, que des acquêts, ce qui était, ce qui est encore la coutume dans les pays, pratiquant la communauté, on préférait que la femme reprît son apport, généralement connu d'une façon précise grâce aux contrats de dot dressés à l'occasion du mariage. De plus la veuve recevait, elle reçoit encore en Russie, la septième partie de tout les biens laissés par le mari. Dans la seconde moitié du XVIIIème siècle on remplaça ce régime par la division complète des biens entre époux qui forme encore la loi d'aujourd'hui.

Il n'est vraiment pas besoin de vous dire que les deux systèmes, sous leurs combinaisons les plus diverses, se perpétuent dans les législations du moyen-âge et celles des temps modernes, chez tous les peuples de l'Europe occidentale. Cette question a été si habilement traitée par une de vos autorités juridiques les plus méritoires, je veux dire par M. d'Olivecrona, que je ne crois pas nécessaire de rapeller votre attention sur un sujet qui me paraît presque épuisé. Je me contenterai d'annoncer que les recherches contemporaines ont parfaitement confirmé la conclusion générale, énoncée dans «Le précis historique sur l'origine et le développement de la communauté des biens entre epoux». Cette conclusion soutient qu'une telle communauté demeura inconnue des

(¹) Spécialement dans les gouvernements de Poltava et de Chernigov.

anciens Germains, qu'elle apparut pour la première fois dans certaines lois barbares, celles des Visigoths, des Francs Ripuaires et des Saxons, qu'elle ne semble pas antérieure au XIII:ème siècle en Allemagne et en France; qu'elle n'est d'origine plus récente que dans le monde scandinave (XII:ème siècle), que son développement fut longtemps entravé par l'influence du droit romain d'une part, influence toute puissante dans le midi de la France, et d'autre part par le souci de réserver la grande propriété foncière aux mains de quelques puissantes familles. Cette dernière raison empêchait la transmission à la veuve des biens du mari défunt. L'Angleterre et les Etats unis qui lui empruntèrent ses lois ont toujours ignoré et ignorent encore le régime de la communauté. Ce régime est établi dans bien des régions de l'Allemagne (la plupart des provinces prussiennes), en Espagne et au Portugal, en Hollande, en Suisse et en France, où d'ailleurs il n'exclut pas la possibilité d'une séparation parfaite des biens, confirmée par la voie du contrat (régime dotal). Il serait oiseux d'insister sur les grands avantages présentés par la communauté des biens conjugaux: elle garantit à la femme une certaine indépendance de fortune. Veuve ou delaisée, il ne lui faudra point, sur ses vieux jours, vivre à la charge de qui que ce soit. Elle pourra en mourant reconstituer l'équilibre entre les parts de fortune attribuées aux fils et aux filles, en leur léguant sa fortune.

Certes les différentes garanties offertes à la femme mariée par la législation moderne sembleraient dérisoires, si on ne lui donnait en même temps le moyen de les faire valoir. Ces moyens consistent dans le droit de porter plainte contre son mari, de le citer devant les tribunaux. On a beaucoup attaqué le législateur moderne sur ce point. On a reproché à l'état d'intervenir en ce qui ne le regardait pas. On a parlé de réglementation inutile et souvent dangereuse, de la profanation des rapports les plus sacrés et du scandale, inhérent à la notoriété de faits d'un caractère tout à fait intime. Mais ceux qui parlèrent ainsi semblent ne pas avoir réfléchi aux drames atroces qui se passent encore tous les jours au sein de ces prétendus «sanctuaires», dans les pays où la coutume, sinon la loi, s'oppose à toute revendication de la part de l'opprimée. Plus d'une famille marchande de Moscou la sainte, plus d'un intérieur moujik en présentent encore l'exemple; et quiconque voudrait étudier, comme ils méritent de l'être, les drames admirables d'Ostrovsky, de Pissemsky ou de Tolstoi, se heurterait à des horreurs dont la répétition ininterrompue amènerait inévitablement à la longue une dégénérescence morale et intellectuelle dans les familles où elles se produisent. La loi russe devançant le progrès des mœurs a reconnu à la femme dès le règne de Pierre le grand le droit de défendre sa personnalité et sa propriété contre les atteintes du mari. On se demande, il est vrai, comment une telle loi s'accorde avec ce devoir d'obéissance illimitée que le code russe, le «Svod», prescrit à l'épouse. Mais les rédacteurs des codes ne sont pas toujours logiques et conséquents et on aurait tort de voir dans une erreur de langage, dans un simple abus de l'adjectif, un changement de principe.

Les législations occidentales ont mis du temps à établir ce qu'on pourrait appeler la juridiction contentieuse entre époux. L'Angleterre l'accepta la dernière, car à partir de 1882 seulement, le mari et la femme, reconnus en droit deux personnes distinctes, furent admis à agir l'un contre l'autre. Encore n'est-ce point une action *ex delicto* qu'on leur accorde, mais une action purement civile dans les cas d'atteinte portée à la propriété séparée d'un des conjoints.

Les Allemands devancèrent de beaucoup les Anglais sur cette question, surtout les Saxons et les Prussiens, qui poussent le scrupule jusqu'à contraindre le mari à payer les frais du procès intenté par la femme. Si cette dernière possède une fortune, et que cette fortune reste entre les mains du mari, il est censé à cette occasion lui en remettre une partie; si elle n'a rien, il lui vient en aide de ses propres deniers(1).

Avec les droits, le législateur moderne reconnaît aussi aux conjoints des devoirs réciproques. Ceux qu'il énumère sont ordinairement loin d'épuiser la liste de tous ceux qui leur incombent. La nature des liens conjugaux n'admet point une réglementation trop sévère. Ce n'est point ainsi pourtant que l'entendait l'ancien législateur et il suffit de rappeler l'exemple si connu d'Isabelle d'Aragon, réglant le *debitum conjugale*, pour montrer qu'on n'y regardait pas de si près autrefois, lorsqu'il s'agissait de soulever le voile du sanctuaire familial. A l'heure présente, il n'y a que le législateur russe qui pousse la candeur jusqu'à imposer aux conjoints l'obligation d'un amour réciproque. Je n'ai pas besoin de vous dire qu'il n'est pas plus écouté pour cela. Ce qu'il importe à la loi de régler, ce sont d'une part l'obligation pour le mari de subvenir à l'entretien de la femme, et d'autre part l'obligation pour la femme de résider dans la demeure du mari.

Cette réciprocité de privilèges et d'obligations entre époux prête à la famille individuelle un caractère tout à fait nouveau, celui d'union à droits égaux.

Cela ressort aussi de la législation qui règle le divorce. Nous avons vu qu'à l'époque patriarcale le mari seul en avait le bénéfice. Seul il gardait le droit de répudier sa femme, car l'adultère, cause générale du divorce, n'entraînait des suites graves que commis par la femme. Il n'en fut plus ainsi à l'avènement de la famille individuelle. L'Eglise eut beau déclarer l'indissolubilité du mariage, la force des choses l'amena à reconnaître le divorce sous la forme mitigée et hypocrite de la séparation de corps (*separatio quo ad mensam atque thorum*). En pleine contradiction avec elle-même, oublieuse de son passé (Grégoire VII lui-même avait

(1) Voyez Stobbe, Handbuch des Deutschen Privatrechts, 4te Band p. 61.

écrit à Herbert: *matrimonium solvi nequit, nisi fornicationis causa*) et des sages doctrines émises par ses pères, l'Eglise régie par Grégoire IX condamna les ci-devant conjoints à vivre, après la séparation, en un concubinat forcé, vu la défense formelle de se lier par de nouvelles noces.

L'Eglise grecque résista à ce courant d'idées. Le divorce fut admis librement par l'ancien droit russe pour des cas assez nombreux, mais qui tous peuvent se ramener à un seul, celui de désaccord absolu entre les deux conjoints. Il ne suffisait pourtant pas que ce désaccord eût pour cause une incompatibilité d'humeur; il fallait encore la certitude d'actes injurieux, tels qu'inconduite ou outrages adressés à la personne de l'un des conjoints([1]).

La réforme de Luther et de Calvin se déclara en faveur du divorce, beaucoup plus en Allemagne d'ailleurs qu'en Angleterre. Cela se conçoit aisément, l'anglicanisme étant moins éloigné du catholicisme et Henri VIII ayant ouvertement déclaré, en forme de statut, l'indissolubilité du mariage. Aussi jusqu'à l'an 1857, le divorce n'a pu être prononcé en Angleterre que d'une manière accidentelle, et chaque fois par un acte du parlement. Institué par la législation nouvelle, le divorce n'est point encore entré dans les mœurs: il n'a pas supplanté non plus la séparation de corps, maintenue par la loi, non seulement dans les cas d'immoralité, quand le divorce est faisable, mais encore dans ceux de sévices, de maladie incurable ou d'abandon prolongé pendant deux ans au moins([2]).

En ce qui concerne les pays protestants, Luther ayant confié au pouvoir séculier la régularisation du mariage, le divorce s'y est solidement établi dès le XVIme siècle; car la diète de Smalkalde de 1537 jugea bon de proclamer son rétablissement, tout en réservant aux lois des différents États

---

([1]) Zagorovsky, Le divorce d'après le droit russe. Kharkov 1884.
([2]) Glasson, p. 320.

de le régulariser. A l'encontre de l'Angleterre, l'Allemagne contemporaine n'admet point la séparation de corps perpétuelle. Elle ne connaît que cette alternative: le divorce ou la séparation temporaire.

Quant aux pays catholiques, ils demeurent pour la plupart fidèles au principe de l'indissolubilité du mariage proclamé par l'Église du XVI^me^ siècle. Ce n'est que fort récemment et dans quelques pays seulement, que la coutume accepta l'introduction du divorce ou la rupture pure et simple de tous les liens conjugaux. Une discussion approfondie sur ce sujet n'entre point dans le plan de cette étude. Aussi nous bornerons-nous à faire connaître les différentes lois qui modifièrent la question du divorce dans la législation française. Établi par la loi de 1792, il fut pratiqué sur une vaste échelle, l'incompatibilité d'humeur étant admise au nombre de ses causes déterminantes et la séparation de corps cessant d'exister, tout comme dans la nouvelle législation allemande. Aboli de nouveau par la loi de 1816 qui rétablit en même temps la séparation de corps, le divorce ne fut légalisé que fort récemment et cela grâce à la propagande active du député Naquet. La France, la Belgique et la Suisse sont pour le moment les seuls pays catholiques autorisant le divorce, outre les contrées catholiques de l'Allemagne.

Mais, divorce ou séparation de corps, le mode de rompre la vie conjugale des conjoints garde cela de commun dans la législation moderne de tous les peuples de l'Europe, sans en excepter la Russie, que loin de servir comme autrefois les intérêts seuls du mari, il devient un moyen réciproque de contrainte, également utile aux deux conjoints. Car toutes les législations que nous venons d'étudier puisent leur notion du divorce et de la répudiation à la même source, celle du droit canonique des Pères de l'Église. Or, ces sages ont unanimement reconnu la vérité de cette parole du Christ: «il n'y a plus parmi vous ni hommes, ni femmes», et ils en tirèrent cette conséquence que ce qui messied à la femme [1], ne convient pas mieux à l'homme, que l'adultère donnant au mari le droit de réclamer le divorce, la même faculté devait être reconnue réciproquement à la femme.

Il ne nous reste, pour terminer l'étude de la constitution intérieure de la famille individuelle, qu'à retracer les changements qui, à son avènement, influencèrent les rapports mutuels des enfants avec leurs parents.

[1] Apud nos quod non licet foeminis, dit fort bien Saint Jérôme, neque non licet viris et eadem servitus pari conditione censetur (Opera, vol. I. 455).

# DOUZIÈME LEÇON.

Un des traits les plus saillants de la famille individuelle, c'est qu'à son avènement le père ne reste plus seul à exercer le pouvoir sur les enfants. A côté de lui apparaît la mère; en sorte que l'autorité familiale sera dorénavant l'apanage des deux époux. Avec cette particularité que nous étudierons mieux au cours de cette leçon, il faut noter le changement considérable produit dans les rapports réciproques des deux générations, dont l'ensemble forme la famille. Les droits de la parenté engendrent des devoirs, devoirs dont l'inaccomplissement peut susciter des poursuites de la part des intéressés, soutenus par l'État. Ces poursuites, à leur tour, amènent souvent la cessation de l'autorité pour celui des parents qui en a abusé, et dont les droits passent en partie à son remplaçant, le tuteur. Ce n'est plus le conseil familial qui assiste et limite l'exercice du pouvoir paternel; c'est l'État qui se porte garant des droits de l'enfance, en surveillant l'usage fait par les parents de leur autorité. La plupart des privilèges reconnus au père sous le régime patriarcal disparaissent, tels que le droit de vie et de mort, la faculté de priver l'enfant de sa liberté, celle d'aliéner sa personne à un tiers. De tous les droits, accordés jadis par «la patria potestas», un seul reste debout — celui de la correction, et encore l'exercice de ce droit est-il atténué par la surveillance de l'État et des tribunaux.

Quoique la famille individuelle considérât comme siens les seuls enfants issus de l'union légitime, l'intérêt des enfants nés avant le mariage fut garanti par l'établissement de la légitimation par mariage subséquent ou par autorisation spéciale, émanant du chef de l'Etat, et, pendant quelque temps aussi, du chef de l'Église. Cette concession une fois faite à l'esprit d'humanité et de justice, la famille individuelle continue à maintenir la différence, établie déjà sous le régime du patriarcat, entre les enfants nés d'amours libres et ceux que procrée le mariage. Cela ne veut pas dire pourtant que ces derniers seuls eussent des droits. L'enfant illégitime en possède aussi, mais ses droits moins étendus se résument ordinairement dans le droit aux aliments.

Ayant hérité par sa devancière (la famille patriarcale) de la parenté fictive, dont la source est l'adoption, la famille individuelle ramène les devoirs et les droits d'une telle parenté à ses justes proportions. Au lieu d'être exclusive comme elle le fut du temps du patriarcat, la parenté fictive n'empêche plus le libre élan de la parenté physique de se manifester. De là ce résultat. Le fils adoptif ne rompt point tout lien avec l'auteur de ses jours et garde le droit de lui succéder.

Sous le régime du patriarcat, l'union du père et des enfants portait le caractère d'une union à vie. Ce n'est plus le cas maintenant, la loi introduisant partout un terme, au delà duquel toute autorité familiale doit nécessairement cesser.

Tels sont les différents aspects que présente le grand changement opéré dans la position de l'enfance par l'avènement de la famille individuelle.

Il est important que nous nous arrêtions sur quelques points. Et d'abord, reprenons le fait même, fait capital certes, de la substitution de l'autorité des deux époux à l'autorité paternelle. Comment s'accomplit cette substitution?

Son origine se confond intimement avec l'émancipation de la femme et son importance de plus en plus marquée au sein de la famille individuelle. Du moment que le mari, cessant d'être le maître, devient l'égal de sa femme, un changement profond doit se produire dans les droits réciproques des époux vis-à-vis des enfants. La mère a été appelée à jouer auprès d'eux le rôle que lui impose la nature elle-même. D'un autre côté, l'autorité familiale se ramène au droit d'élever l'enfance, et comme, lors du bas âge, ce soin revient principalement à la mère, il dut en résulter une certaine interversion des rôles. Du moins le rôle de la mère compléta celui du père, les deux époux ayant un intérêt égal à l'éducation. Là où l'autorité paternelle était peu développée, ce changement opéra évidemment beaucoup plus tôt; ainsi chez les Slaves. Un des traits vraiment caractéristiques de leur législation est l'égalité des droits du père et de la mère. La mère tout autant que le père peut exiger des enfants des marques de soumission et d'obéissance lors du bas âge, de soutien et d'alimentation le reste de sa vie. Pour établir ce fait, faisons appel à la législation russe. Dès le seizième siècle, nous trouvons des textes juridiques exprimant d'une façon évidente l'égalité des droits du mari et de la femme sur les enfants. Le «Justicier de Jean le Terrible», le «Code du czar Alexis», un certain nombre d'actes juridiques et surtout la description minutieuse de la vie journalière faite dans ses mémoires par le célèbre Kotoschichin, émigré russe du XVII^me^ siècle qui reçut en Suède un accueil très hospitalier, ne laissent pas douter que le devoir d'obéissance et de soumission imposé à l'enfance visait les deux parents et que la mère, aussi bien que le père, décidait de leur sort, tantôt en les faisant entrer au couvent, tantôt en leur accordant le permis de mariage, tantôt enfin en les forçant de les suivre dans l'état de servitude volontairement acceptée, afin de se procurer les moyens d'existence où une place prépondérante dans les rangs de la valetaille qui entourait le prince et le «boyar». En cas de mort du père, toute l'autorité familiale passait aux mains de la mère et nous la voyons seule exercer tous les droits sus-dits (1).

Le droit allemand a suivi dans la question qui nous occupe la même direction que le droit russe. Dans les sources anciennes, observe judicieusement M. Stobbe, on voit moins apparaître les droits de la mère, elle-même restant soumise à l'autorité du mari. Mais plus la femme vit croître son indépendance et plus s'accrurent aussi ses droits vis-à-vis des enfants. Du vivant du père, lui-même continue encore à jouer le premier rôle, mais à sa mort l'autorité paternelle passe entre les mains de la mère, néanmoins assistée souvent d'un tuteur (2).

Ainsi, dans les statuts de Soest et de Bamberg (tous deux du XVII<sup>me</sup> siècle), la veuve accorde ou refuse son consentement au mariage, sous menace de déshériter celui qui agirait contre sa volonté. En cas de mort du père, la tutelle revient de droit à la mère, à moins qu'elle ne recherche de nouvelles noces. Telle est la règle de la loi des Visigoths et des Burgondes, de quelques statuts des villes de l'Allemagne et du «Gragas» islandais. Comme tutrice, la mère exerce les mêmes droits que ceux du père, même celui de la correction corporelle. La loi des Visigoths le déclare formellement. «Flagellandi tamen et corripiendi eos (filios et filias) quandiu sunt in familia constituti — patri quam matri potestas manebit.» (IV 5, 1.)

Même dans le cas où la mère n'est pas nommée tutrice, les enfants restent auprès d'elle, confiés à ses soins, au moins tout le temps de son veuvage. Nous en trouvons la confirmation dans les lois danoises de 1241, de même que

---

(1) Vladimirsky-Boudanov, p. 135.

(2) Stobbe, Handbuch des deutschen Privatrechts. IV. B. 1884, p. 303.

dans celles des Anglo-saxons (loi d'Ina, art. 38). Souvent la veuve restait dans l'indivision avec ses enfants et administrait dans ce cas leur fortune, tout comme le père, sans avoir pourtant le droit de l'aliéner. Un cas pareil est prévu par le statut de Goslar (1).

Le droit français semble plus stationnaire. Imbu d'idées romaines, surtout dans la partie du royaume connue sous le nom de «pays de droit écrit», il a maintenu en partie la *patria potestas* du Digeste. Les coutumes au XIIIme siècle et même à une époque postérieure, relatent le droit de correction, seul reste de l'autorité paternelle, exercé uniquement par le chef de famille, et à l'égard de sa femme et à l'égard de ses enfants. Les documents normands l'attestent, car le droit de battre impunément tous ceux «en sa mesgnie» (ménage) y est formellement reconnu en faveur du père (2).

Au témoignage de M. Viollet, quelques coutumes françaises exceptionnelles, celles de Chartres, de Châteauneuf en Thimerais, de Dreux, de Montargis, de Vitry, reconnurent cependant que l'autorité paternelle appartenait indifféremment aux deux conjoints (3).

Passons maintenant à l'étude d'un autre trait distinctif de la famille individuelle et demandons-nous comment le pouvoir des parents, de plus ou moins illimité qu'il était à ses origines, s'est transformé en un pouvoir restreint, fortement surveillé, dont l'abus pouvait donner lieu à des plaintes formelles et amener comme résultat une interruption forcée? L'évolution a été des plus lentes. Ses derniers résultats ne sont pas encore atteints dans plusieurs parties de l'Europe. En France, le père gardant au XIIIme siècle le droit de corriger son enfant, ce dernier ne pouvait se plaindre de l'abus de ce droit. Si l'on recherche quelles

(1) Ces faits ont été scrupuleusement recueillis par M. Kraut, Vormundschaft (v. I, p. 247. v. II, 677—79).

(2) Viollet, Précis de l'histoire du droit français, 422.

(3) Viollet, p. 426.

limites sûres existent dans la législation moderne, pour toute réponse M. Viollet se contente de dire: «Quant au droit de correction paternelle, il est demeuré bien entendu au père de famille: c'est une partie, comme on dit, «imprescriptible et inaliénable» de ses droits; mais le père est tenu sinon d'être juste, au moins d'être modéré» ([1]). Ainsi, sur ce point pas de progrès. Il est vrai que, plus soucieuse des intérêts de l'enfance, la loi révolutionnaire de 1790 a voulu borner les droits du père en lui associant un conseil de famille et en demandant à ce dernier de se prononcer sur la nécessité et le caractère de la correction; mais ce conseil familial, sorti de nos mœurs, le code ne s'en occupe plus. Le pouvoir de correction reste donc dans les mains du père un pouvoir illimité. Il n'en est pas de même pour ses autres prérogatives. Si, au siècle dernier, le père gardait encore le droit de faire emprisonner son fils, même adulte, en se procurant une «lettre de cachet», les lettres de cachet ont aujourd'hui partagé le sort du gouvernement arbitraire qui les imagina. Voilà toutes les améliorations dont l'esprit du siècle a mitigé la sévérité des temps antiques. Si le besoin de mesures conservatrices des intérêts de l'enfance ne se fait pas trop sentir, c'est que les mœurs devancent les lois.

Après cela, on ne s'étonnera point d'apprendre qu'en Russie, où les pédagogues les plus accrédités célébraient encore naguère les bienfaits de la verge, le pouvoir correctionnel du père est reconnu et appliqué dans toute sa rigueur. Le code d'Alexis défend aux cours d'accepter les plaintes portées par les enfants contre la façon dont les traitent leurs parents ([2]). Si les parents adressent à l'autorité la demande d'incarcérer leurs enfants, cette demande doit être satisfaite sur le champ, sans enquête préalable. — Loin d'abolir ces mœurs d'une autre époque, Catherine II, si célébrée pour

([1]) Viollet, p. 425.
([2]) XXII 6.

son esprit d'humanité, établit en 1775 des prisons spéciales pour les enfants rebelles et attribua aux parents le droit de réclusion ([1]).

Au contraire, dans le droit allemand, «si le père fait un mauvais usage des droits qui lui sont reconnus, dit M. Stobbe, ces droits peuvent lui être retirés; un tuteur est censé le remplacer dans ce cas.» Telle demeure la règle suivie par les législations de la Prusse, de la Saxe et de quelques cantons suisses. Quant à l'exercice du droit de correction, le Landrecht de la Prusse reconnaît au fils maltraité la faculté de porter plainte contre son père; et le secours de l'État lui est pleinement accordé. Le père ne peut d'ailleurs emprisonner son fils dans les prisons d'État, mais il lui est permis de demander l'entrée de son fils dans une maison d'éducation pour les jeunes détenus; encore faut-il que l'enfant n'ait pas atteint sa douzième année et que la demande du père soit jugée raisonnable.

Ainsi, sauf la législation révolutionnaire de 1790 et quelques lois récentes de l'Allemagne, personne ne s'est préoccupé de préserver l'enfance des abus dont les parents peuvent se rendre coupables en exerçant leur droit de correction. Il faut avoir vécu parmi les paysans de la Russie pour comprendre le mal occasionné par un tel oubli.

Peu soucieux des limites à opposer au pouvoir des parents sur la personne de l'enfant, le législateur moderne l'a été beaucoup plus en ce qui concerne la fortune. Déjà à l'époque patriarcale arriva à se former ce qu'à l'exemple des Romains on appela du nom de pécule, c'est-à-dire la propriété privée du fils. Cette propriété dut s'accroître considérablement du moment où la dissolution de la famille patriarcale permit la libre disposition des biens, par voie de testament. Le fils non émancipé fut donc admis à recevoir des donations, de plus, à hériter de la fortune de qui voulait

([1]) Vladimirsky-Boudanov, p. 140.

la lui laisser en legs. Cette fortune, il s'agissait de la sauvegarder. Le législateur moderne a jugé bon, tout en rendant le père dépositaire de la fortune de son enfant, d'établir certaines règles quant à l'administration de cette fortune. Leur inexécution peut entraîner un recours devant les autorités et la substitution d'un tuteur au père prévaricateur ou dissipateur. Les lois allemandes sont très minutieuses sur la matière; elles distinguent le pécule, dont le père ne peut retirer les profits, du reste de la fortune. Cette dernière est administrée par le père dans l'intérêt de l'enfant avec droit d'usufruit pour sa propre personne, sous la condition expresse que la disposition des immeubles lui soit interdite autrement qu'à la suite d'un permis spécial, délivré par l'autorité judiciaire ou un tuteur nommé à cette fin. L'enfant reçoit comme garantie un droit d'hypothèque sur les biens propres du père (¹).

Sans entrer dans de plus amples détails, nous dirons que le législateur russe s'est efforcé d'atteindre le même but, en déclarant la fortune de l'enfant complètement distincte de celle du père et en ne reconnaissant à celui-ci que les simples droits de tuteur.

Les lois allemandes offrent en plus le recours constant à l'autorité pour les moindres infractions commises par le père dans la gérance de la fortune; puis le droit d'exiger qu'en se remariant, le père se départisse de la gérance; enfin la possibilité constante de mettre un terme à la malversation et à la dissipation, en remplaçant la personne du père par celle d'un tuteur.

A l'encontre de ces droits, toutes les législations modernes reconnaissent aux parents un seul et même devoir, celui de nourrir leurs enfants, qui, à leur tour, arrivés à l'âge d[e] la majorité, sont censés soutenir au besoin l'existence d[e] leurs auteurs. Ces devoirs réciproques sont expressémen[t]

(¹) Stobbe, IV p. 349.

définis par la législation russe du XVIIIme siècle, qui, sur ce point, reste toujours en vigueur, comme aussi par différentes lois allemandes et françaises. Le droit aux aliments est un droit si élémentaire qu'à la condition de réciprocité il s'étend aussi aux enfants adoptifs. Quant aux naturels, les parents n'ont pas à compter sur eux, tout en portant l'obligation de subvenir eux-mêmes à leurs besoins jusqu'à l'âge de majorité et en cas d'incapacité de l'enfant au travail, jusqu'à sa mort.

C'est là d'ailleurs leur seule obligation et encore en France, la révolution, ayant échoué dans sa tentative de donner à l'enfant naturel les mêmes droits d'héritage qu'à l'enfant légitime, le code Napoléon défendit la recherche de la paternité, ce qui dans la pratique équivalait à l'abolition pure et simple des seuls droits reconnus aux enfants naturels. M. Viollet ne se trompe pas lorsque après avoir cité le fameux art. 340 du code, il s'écrie: «La recherche de la paternité est interdite. Par conséquent le sort de la femme et de l'enfant est abandonné à la générosité du père. Il est impossible d'ignorer (dirai-je: plus naïvement ou plus perfidement?) les lâchetés du cœur humain et de sacrifier plus sûrement les bâtards» (¹).

Pour terminer cette revue rapide des relations nouvelles du père à l'enfant, il faut encore faire ressortir leur caractère éminemment passager, ce qui contredit exactement le régime du patriarcat. Comment ce résultat advient-il? Comment partie de l'idée romaine d'une *patria potestas*, ne devant finir qu'avec la mort du père ou l'émancipation formelle du fils, la législation européenne arrive-t-elle à limiter son exercice à l'époque de l'enfance et de la jeunesse la plus précoce?

En répondant à cette question, je dirai que dès l'époque la plus reculée, on a trouvé nécessaire d'étendre les facultés juridiques du fils en tutelle, au fur et à mesure qu'il

---

(¹) Viollet, p. 893.

passait de l'enfance à la possession plus ou moins pleine de ses capacités tant morales que physiques. On rattachait cela à des faits d'un caractère extérieur, tel que la croissance de cheveux sur certaines parties du visage, l'épreuve où ayant eu le choix entre une pomme et une monnaie, il avait donné la préférence à cette dernière, enfin et surtout au fait de porter les armes et de monter à cheval. Les nouvelles aptitudes acquises par l'enfant nécessitaient l'extension de ses droits civiques. Par suite, à l'âge de 12 ans, un Islandais était admis à être témoin, juré, juge; et le Franc de 12 ans prêtait déjà serment de fidélité à l'empereur Charlemagne, tandis que les hidalgos de la Navarre recevaient à l'âge de sept ans le droit de faire un testament, de passer des contrats et d'aliéner leur bien.

Quand l'individualisme incita à la séparation et à l'établissement de ménages distincts, on procéda, pour fixer le terme auquel devait avoir lieu le partage sur la demande expresse des enfants, comme on avait procédé pour déterminer l'époque de l'extension de leur faculté d'agir. On observa d'abord que des ménages séparés arrivaient à se former quand le fils venait d'atteindre sa majorité sexuelle, et surtout quand il pouvait se suffire à lui-même, payer les frais de son entretien par son propre labeur; et on choisit ce moment de sa vie pour le terme au delà duquel le père ne pouvait plus le tenir dans l'indivision. Ainsi, on arriva à établir l'âge de la majorité ici à 25, là à 20 ou à 21 ans. Ce résultat fut atteint en Allemagne vers la moitié du XIII$^{me}$ siècle, époque de la rédaction du Miroir de Souabe, en Lithuanie vers le XIV$^{me}$, en Bohême au XV$^{me}$ siècle, en France dans la partie exempte de l'influence romaine, à l'époque de la rédaction des coutumes. Les jurisconsultes français du XVII$^{me}$ siècle, tels que Lamoignon, voulaient que la question de majorité fût réglée une fois pour toutes, et, de plus, d'une façon générale. C'est à 25 ans que devait finir, selon eux, de plein droit, l'autorité paternelle. La loi du

28 Août 1792 réalisa le vœu de Lamoignon en décidant que les majeurs cesseraient d'être soumis à la puissance paternelle. Quelques mois plus tard, la majorité fut fixée à 20 ans. Ce résultat définitif n'a d'ailleurs été atteint qu'en France, l'Allemagne s'étant contentée jusqu'ici d'exprimer des simples desiderata à cet égard. Il est probable, dit M. Stobbe, que le nouveau code civil exaucera ces vœux[1]. L'émancipation forcée et tacite, se faisant par le fait seul d'avoir atteint un certain âge, ne suppose d'ailleurs nullement le devoir du père de se dessaisir d'une partie de sa fortune en faveur du majeur. Par exception seulement, les législations de quelques nations européennes ont forcé le père à subvenir aux besoins du fils établissant un ménage séparé ou contractant une union matrimoniale. Tel est le cas du Würtemberg, de la Prusse et de la Saxe en ce qui concerne le premier fait, et de l'Autriche pour ce qui est du second. On peut prévoir que l'avenir prépare encore à l'arbitraire déjà si mitigé du père cette dernière défaite.

Ainsi, pour nous résumer, nous dirons, en terminant cette leçon, que le résultat général de la marche progressive de la famille à travers les siècles a été de remplacer l'idée de pouvoir illimité et de droit absolu par celui de contrat et d'obligation mutuelle. Loin de la conduire à sa perte, la restriction de l'arbitraire du père et du mari, l'élargissement des droits de la femme et la garantie des intérêts de l'enfance, n'ont que rehaussé le caractère moral de la famille. Elle est devenue ou elle tend à devenir partout l'arène du libre exercice des sentiments les plus nobles et les plus élevés. Union de plus en plus libre et égalitaire, elle peut à l'heure présente sauvegarder à chaque partie le plein développement de ses facultés tout en leur prêtant un nouvel essor: celui d'un attachement pur, basé sur le respect réciproque, l'échange quotidien de services rendus et d'appui

(1) v. IV, p. 399.

moral. Pour n'être plus oppressive et violente comme dans le passé, la famille constitue la meilleure école de l'enfance, car elle possède le grand don de prêcher par l'exemple et de développer de cette façon le sentiment moral, en même temps que l'intelligence. Je viens d'appeler la famille une école de l'enfance, j'aurai dû dire école tout court, car ce n'est pas l'enfance seule qui lui doit son éducation, mais aussi l'âge mûr. Tous, sans différence d'âge et de sexe, nous lui sommes redevables de ce sentiment de bienveillance désintéressée, de cet altruisme, dont elle a jeté parmi nous les germes. N'est-elle pas vraiment le tableau le plus parfait du sacrifice mutuel, non de ce sacrifice aveugle imposé par la foi et accompli dans l'attente d'un bien imaginaire, mais de ce sacrifice volontaire et dirigé vers une fin réalisable, celle du bonheur de nos semblables, bonheur qui ne peut être assuré qu'à ce prix. Car ne nous trompons pas; toute morale et même celle de l'utilitarisme, réclame le sacrifice, le sacrifice d'un bien qui nous est proche à un autre plus éloigné, mais plus grand, le sacrifice de notre vanité et de notre orgueil au bien-être de la nation dont nous sommes membres et du genre humain tout entier. Or, cette faculté de sacrifice, ne l'acquérons-nous pas en contemplant les soins journaliers de la mère au berceau de son enfant et le travail assidu du père pour assurer à ses proches le pain quotidien? C'est ainsi que la famille devient la grande école de l'altruisme, de cet altruisme qui révolutionnera le monde; car, comme le dit admirablement Vauvenargues, une idée vraiment grande, vraiment féconde, nous vient toujours du cœur.

# TREIZIÈME LEÇON.

**La dissolution de la famille patriarcale amène-t-elle nécessairement à sa suite l'avènement de la propriété individuelle?**

Rien de plus obscur qu'un tel sujet. La civilisation européenne, créée par tant d'influences diverses: les coutumes barbares, la tradition romaine, le catholicisme avec son organisation théocratique, la féodalité avec son principe si connu de «nulle terre sans seigneur», est incapable à elle seule de nous en livrer le secret. Comment remonter vraiment, à travers ce dédale de faits, à la première origine, comment ressusciter le lien de causalité entre l'évolution de la propriété et tel ou tel facteur distinct, quand tous ces facteurs si multiples se confondent et se heurtent, tantôt se prêtent un mutuel appui, tantôt entrent en lutte ouverte, et amènent à la longue un résultat qui n'est l'œuvre d'aucun d'entre eux, mais de tous. On aura par conséquent raison, selon moi, d'étudier les effets immédiats que produit sur la constitution de la propriété l'avènement de la famille individuelle dans un milieu moins travaillé, plus vierge d'influences, un milieu tel que le présentent encore à l'heure actuelle les tribus peu sédentaires des Afghans iraniens, les Rajputs de l'Inde, les Javanais, les Cosaques du Don, enfin les campagnards des provinces septentrionales de la Russie, si portés à conserver intactes leurs anciennes coutumes et si peu exposés aux influences du dehors. Voilà précisément le milieu que choisirent mes travaux sur l'histoire de la propriété, c'est à lui que j'ai eu recours afin de me rendre compte des causes spontanées qui amenèrent la dissolution de la communauté primitive; puis j'ai examiné si les mêmes causes ne pouvaient point être retrouvées dans l'histoire de la propriété foncière en Occident. Ce plan de mes travaux sera aussi celui que je suivrai dans ma leçon d'aujourd'hui.

Je commencerai par l'exposé des faits qui me sont le plus intimement connus, ceux qui touchent à mon propre pays, et spécialement de ceux habituels aux provinces du Nord et de l'Est. Leur état social porte le plus d'empreintes du passé, et elles ont le moins souffert de l'influence dissolvante du servage, qui les atteignit à peine.

Dans un ouvrage déjà cité, celui de M^me^ Efimenko sur la propriété du peuple des campagnes dans le nord de la Russie aux XVI^e^ et XVII^e^ siècles, l'auteur nous donne, d'après les chartes, une description très détaillée et très vive des effets directs produits par le partage d'une famille-mère.

La communauté familiale («le feu», aurait-on dit dans l'ancien langage français, le «pechische» disaient mes pères), venant à se diviser, chacun de ses membres acquérait un droit égal sur tous les terrains qui avaient appartenu à la communauté: simple droit d'usage, les terrains restant dans l'indivision et les lots étant départis à condition de renouveler le partage de fond en comble ou de le corriger en partie au fur et à mesure que la nécessité s'en ferait sentir. Le droit de vente était accordé par la coutume et chacun pouvait par conséquent aliéner sa part idéale en tout ou en partie. Ces parts portent quelquefois le nom de «sorts» «jrebi», car le sort décidait à qui reviendrait telle ou telle parcelle de tel ou tel champ. Le même mot se trouve dans les chartes du moyen âge: «sors», disent-elles en parlant de vendre ou de tester la fortune entière d'un individu; «dimidia sors», «tertia pars sortis», désignent relativement la moitié ou le tiers de cette fortune.

Le résultat immédiat des partages et des ventes était la création d'un milieu tout nouveau, celui de la commune agricole. Non composée exclusivement de personnes apparentées par le sang, elle comprenait tous les possesseurs de lots indivis, lots souvent divers en grandeur selon qu'on avait gardé ou vendu le tiers, la moitié ou la totalité de son droit.

L'accroissement naturel de la population et les partages consécutifs diminuent nécessairement la part d'un chacun; et la propriété finirait par s'émietter, si on n'y obviait à temps en autorisant les défrichements. Car le terrain ne manque pas. On le voit s'étendant de tout côte, couvert de bois, entrecoupé de marécages, ne demandant pour produire que le travail des défricheurs.

Ces défrichements sont rarement l'œuvre de ménages isolés. Des bandes entières occupent le sol de compagnie, après l'avoir gagné à la culture par leurs efforts accumulés. La sociabilité prend ainsi sur les terres nouvellement conquises à la culture les mêmes formes, qui lui étaient propres dans le village ou les villages originels. Rien n'empêche qu'un jour la métropole et la colonie n'arrivent à former une seule et même commune, en confondant leur terroir et en laissant dans l'indivision les forêts, les marécages, les terrains couverts de broussailles, les prés et les pâturages. Des faits de ce genre sont consignés dans les chartes russes du XVI$^{me}$ et du XVII$^{me}$ siècle(1). Ils se reproduisent même de temps en temps, encore de nos jours, la commune métropole se refusant à reconnaître le droit de propriété individuelle sur les

(1) Voyez l'Histoire de la commune agricole dans le Nord de la Russie par M. Sokolovsky, et un autre ouvrage du même auteur intitulé «L'état économique du peuple agriculteur dans la Russie du XVI$^{me}$ siècle» (spécialement les pages 158—160 du dernier ouvrage).

«essarts» et «purprises», mots dont l'ancien droit français désignait ces appropriations de terrains vagues, et qui dans la langue russe se traduisent par le mot «zaimka».

Rien de plus curieux que d'étudier sur les lieux mêmes cette évolution spontanée de la commune agricole. Les jeunes économistes russes qui avec un dévouement si louable se sont donné la rude tâche de dresser l'inventaire statistique de nos provinces, l'ont observée à plusieurs reprises. Voici ce que rapporte à ce sujet l'un d'entre eux, M. Schepotief. Au dire de cet observateur très circonspect et très exact, l'appropriation des terrains vagues se fait tantôt par des couples séparés venant établir là leurs ménages, tantôt, et c'est là la règle générale, par des groupes d'agriculteurs. Cela se comprend: ces terrains, généralement couverts de forêts, offrent de telles difficultés d'exploitation que, sans les efforts multipliés d'un certain nombre de travailleurs, il serait impossible de les livrer à la culture. Après quelques années, les nouveaux colons et le terrain qu'ils sont parvenus à arracher à la forêt rentrent dans le rayon de la commune originelle. Les paysans dénomment cela par le verbe «pripoustit» qui signifie donner la faculté de se joindre, de s'annexer. Ce fait s'accomplit généralement dans les conditions suivantes. Toutes les terres non cultivées deviennent le «communal» tant de la «commune»-métropole que de celle récemment formée. Quant aux terres labourables, les parts qui reviennent à chaque ménage sont scrupuleusement reconnues. Les ventes et les échanges finissent par masquer avec le temps l'origine distincte de l'arène agricole des deux communes([1]). Des annexions semblables à celle que nous venons de décrire se reproduisent plus d'une fois et le territoire communal finit par renfermer souvent des centaines de «verstes»([2]) à la ronde.

([1]) Voyez la «Pensée russe», journal mensuel publié à Moscou, année 1883. N. 12.

([2]) Une verste équivaut à trois mille cinq cents pieds de longueur.

Des dizaines de villages et un nombre encore plus grand de hameaux restent disséminés sur cette surface, chaque ménage possédant sa propre izba (ou maison d'habitation) et son enclos à côté de parts inégales dans tels ou tels champs. M. Schepotief cite le cas d'une commune agricole semblable formée par 34 villages distincts; on dirait une de ces »marks monstres» dont parlent, comme nous le verrons bientôt, les documents juridiques du moyen âge, et dont l'ancien territoire de Schwyz, vrai noyau de la confédération suisse, nous présente l'exemple le plus frappant(1).

L'évolution spontanée de la commune agricole ne s'arrête point à cette étape. Les partages continuant à se produire, de nouvelles colonies venant à être fondées, l'égalité des lots devient l'exception. Les différences d'intérêts entre ceux qui possèdent de plus gros lots et ceux dont les parts sont fort petites commencent à se produire. Quand le terrain inoccupé est complètement épuisé par des «purprises» souvent répétées, on arrive à considérer l'égalité du partage comme l'unique moyen de satisfaire le grand nombre de ceux qui sont dépourvus d'une quantité raisonnable de terre. On croirait à tort qu'un tel partage s'effectue sans opposition. Des disputes et des rixes surgissent fort souvent, mais les propriétaires de petits lots gardant la supériorité du nombre, la victoire leur demeure ordinairement. Une nouvelle organisation succède alors à la première: l'égalité des parts. Pour maintenir cette égalité, il faut que des répartitions nouvelles la vivifient de temps en temps; car la population continue à s'accroître et de nouveaux ménages arrivent à s'installer aux frais de ceux dont ils sont issus. Ceci conduit nécessairement à l'idée de faire renouveler le partage. Ce renouvellement n'a lieu d'abord qu'à des époques indéterminées, toutes les fois que le besoin devient pressant, c'est-à-dire quand l'inégalité s'accentue. Le partage pério-

(1) Voyez Kothing, Das Alte Land Schwyz.

dique ne s'établit qu'à la longue; il n'embrasse d'ailleurs, à ses origines, que les terrains ayant le plus de valeur aux yeux de ceux qui les possèdent: les cultures, les prés, non les pâturages et les forêts, qui restent la plupart du temps «communaux» comme autrefois. Le terme à l'expiration duquel se renouvelle la distribution des lots est donné par l'assolement triennal, généralement en usage parmi le peuple des campagnes. Les prés communs n'y étant point soumis, on les partage à d'autres époques. Tout cela pourrait se prouver par de nombreux exemples, tirés de la pratique récente de nos campagnes septentrionales. Pour ne point surcharger votre mémoire de faits inutiles, je me contenterai d'une seule citation que j'emprunte au célèbre voyageur russe Potanin, qu'une réclusion administrative dans le gouvernement de Vologda a mis en état d'étudier à fond le mouvement spontané et progressif qui se produit au sein de nos communes agricoles.

Au dire de M. Potanin, les terres arables voisines du village sont les seules soumises à des partages périodiques, répétés le plus souvent tous les trois ans. Le reste du terrain arable peut être approprié par le premier venu, à condition qu'il soit membre de la commune. On ne lui confère pas le droit de propriété, mais uniquement celui d'usage pour un terme plus ou moins long. Ce terme expiré, «la purprise» passe entre les mains d'un nouveau coloniste ou s'annexe aux terres sujettes au partage. Il advient assez souvent que la prise de possession de la terre inculte échoit à une compagnie de plusieurs individus qui, à la fin de l'année, se partagent la récolte. S'ils trouvent bon d'émigrer sur le lieu de leur nouvelle culture et de s'y établir définitivement, une nouvelle commune arrive à se former. Celle-ci, le plus souvent, réunit son terrain à celui de la commune-mère ou à quelque autre plus voisine. En ce qui regarde les prés, on en connaît de plusieurs sortes, d'abord ceux qu'arrosent au dégel les torrents et les rivières. Ils forment ordinairement ce qu'on pourrait appeler «les communaux» non de tel ou tel village, mais de tous ceux qui contribuent à une seule et même commune. Quelques-uns de ces communaux, se trouvant trop éloignés des centres d'habitation, sont affermés à des étrangers, ordinairement à quelque commune voisine. A côté de ces communaux, il en existe d'autres, où les habitants de tel ou tel village exercent seuls le droit d'usage. Les usagers se contentent parfois de partager le foin, tantôt d'après le nombre des habitants, tantôt d'après le nombre des faucheurs. Cependant on juge nécessaire de diviser ces prés en lots distincts, renouvelables chaque année ou à des intervalles plus éloignés. Le sort désigne la personne à laquelle écherra tel ou tel lot([1]).

On croirait à tort que ces faits ne se sont produits que dans le Nord de la Russie. Une évolution exactement analogue s'est accomplie dans la partie méridionale de la Grande Russie, dans ces arrondissements qui formaient l'extrême limite de la puissance des tzars aux XVIe et XVIIe siècles et où venaient s'établir ceux de leurs sujets qui, désireux de garder leur indépendance contre les atteintes du servage, ne demandaient pas mieux en même temps que de verser leur sang pour la défense de la frontière russe. Organisés en communautés familiales, les colons ont commencé par s'approprier de vastes terroirs qu'ils fertilisèrent en y travaillant en commun. L'indivision a été de règle; puis, l'individualisme l'emportant sur le sentiment de solidarité, on a recouru aux partages. Chaque ménage distinct obtint son lot, non une parcelle quelconque de terrain, où il était dès lors reconnu seul maître, mais sa part idéale dans les champs et les prés. Ces parts, d'abord inégales, comme dans le nord, se régularisèrent quand on passa au partage pério-

([1]) Voyez la revue mensuelle intitulée La nouvelle Russie et la Russie ancienne, N:o 10, de même que l'ouvrage de M. Capoustin: «Les différents régimes agraires du peuple russe.»

dique et on poussa même le sentiment de l'égalité jusqu'à reconnaitre à chaque ménage le droit d'avoir son lot dans les terrains de qualité inégale qui dépendaient du terroir commun. Il y eut par conséquent plusieurs champs et le partage se fit pour chacun d'eux([1]). Si nous poussons plus au Sud, dans le vaste territoire occupé par les Cosaques du Don, nous relevons encore des faits dont le caractère confirme les conclusions générales qu'on pourrait tirer des précédents. Soixante-dix grands villages (ou stanitzas) [illegible]r-maient encore en 1877 (les faits que j'ai recueillis remc[illegible]nt à cette année) une seule commune agricole, une de ces «marks», comme on en trouvait probablement à l'époque la plus reculée de l'histoire des états germaniques. Au sein de ce vaste territoire, les prés et les champs restaient tout aussi indivis que les pâturages, chaque ménage pouvant, vu l'immense espace du terrain vaquant, s'en approprier tous les ans une plus ou moins grande étendue. Elle lui restait allouée aussi longtemps qu'il y maintenait la culture. Une fois délaissée, elle passait après trois ou quatre ans entre les mains de qui voulait se l'approprier. Ce n'est que récemment (il y a une quinzaine d'années tout au plus) que le sol devenant plus rare, on a passé au système des partages. Ces partages furent de deux sortes: on divisa d'abord la mark commune en autant de parties (inégales) que de villages. Dans cette division, on prit pour base le nombre des ménages inscrits sur les registres des impôts directs. Puis on procéda dans chaque village au partage de ses «communaux», en

([1]) Le régime agraire dont nous venons de parler est connu dans certaines parties des gouvernements de Koursk et de Voronège sous le nom de «chetvertnoi», la «chetvert» représentant une mesure de blé. Ce genre de communisme agraire a été décrit d'une façon très détaillée par M. Blagoveschensky, un de ces jeunes statisticiens qui, sous l'habile direction du Professeur Chouprov, composent maintenant à Moscou une des sociétés scientifiques les plus sérieuses. L'article de M. Blagoveschensky a été inséré dans la Revue de Jurisprudence de Moscou, année 1887, v. 6 et 8.

prenant soin d'assigner à chaque famille un lot égal, consistant en champs labourables et en prés. Toute famille est censée les posséder jusqu'au moment d'une nouvelle répartition de lots, qui s'effectue à diverses époque dans les différentes circonscriptions villageoises, ici tous les trois ans, là tous les 4, 7, 10, 12, ou 17 ans. Le souci de l'égalité a occasionné un lotissement en parts égales dans les différents champs de la même commune, ces champs se distinguant entre eux par leur fertilité et leur situation plus ou moins avantageuse. Un pareil mode de lotissement a eu pour effet de créer un grand nombre d'enclaves, désavantageuses au point de vue de l'économie agricole. Le lotissement des prés n'a pas eu lieu dans toutes les communes indifféremment. Dans plusieurs ils restent indivis et alors, le fauchage se faisant en commun, on ne partage que son rendement. La récolte une fois terminée, les champs et les prés entrent dans l'usage commun, et cet usage dure jusqu'au printemps suivant. On admet chaque ménage à faire paître cinq têtes de gros bétail, sans redevance. Si le nombre du bétail augmente, on paye tant par tête et la somme perçue se distribue à ceux qui ont envoyé au pâturage moins de bétail qu'ils n'avaient droit.

Ainsi, en résumé, nous dirons que du nord au midi, la Russie actuelle présente encore en bien des endroits la création spontanée de la commune agricole au milieu et à la suite de la dissolution des communautés familiales. Loin d'être comme on l'a cru généralement la forme la plus archaïque de la propriété foncière, la commune agricole fondée sur un partage périodique du sol, est une forme relativement moderne.

Mais, dira-t-on, qui prouve que cette évolution représente un fait général? Après tout, elle pourrait bien n'être que purement locale. Qu'elle serve, si l'on veut, à expliquer le développement de la propriété foncière en Russie, mais non à expliquer l'histoire de la propriété foncière, en ce qui concerne l'occident européen ou même les pays étrangers à l'Europe. Cette objection ne serait que trop fondée si des faits nombreux, scrupuleusement recueillis dans les parties du globe les plus diverses et les plus opposées, ne venaient nous attester le caractère éminemment universel qui caractérise l'évolution dont je viens de parler.

Et d'abord, pour ne citer que des faits faciles à contrôler, ne retrouvons-nous point le même phénomène en voie de s'accomplir chez ces populations aryennes de l'Inde anglaise, et spécialement du Pendjab et des Provinces du Nord-Ouest si minutieusement étudiées par les employés anglais attachés au cadastre. Quels sont en effet les types de la communauté agricole dans l'Inde, sinon la famille patriarcale, la commune proprement dite villageoise, comprenant des lots d'inégale contenance et descendant en ligne directe de la famille patriarcale en procès de dissolution, enfin la commune avec partage périodique ou, comme disent les Anglais, basée sur le «run-rig system», d'une origine relativement plus récente?

Et pour qu'il ne puisse subsister aucun doute à cet égard, je vous citerai le témoignage non suspect d'un employé anglais, M. Rose, qui, en rendant compte de la façon dont il a rempli son office de collecteur, vient à décrire la constitution des communes agricoles dans son district de Zilah Banda: «Personne n'ayant de propriété privée, chacun ne possède que le terrain qu'il cultive pour la durée de la culture. Si elle cesse, le terrain revient à la commune et peut être de nouveau approprié par l'un de ses membres. En conséquence, il existe une grande inégalité dans la contenance des lots. Cette inégalité devient l'origine de disputes fréquentes, qui portent même un nom distinct, celui de «Kum o beshee»; deux partis se trouvant régulièrement en présence au sein de la même commune, l'un favorable à la conservation de l'état existant, l'autre beaucoup plus nombreux, qui demande le partage égal[1], on arrive nécessairement à une nouvelle division du sol, cette fois en parts égales.» Les paroles que je viens de citer, ne pourrait-on pas les appliquer, sans y rien changer à la description des luttes intérieures qui poussent les communes agricoles du Nord, du Centre et du Sud de la Russie, à introduire chez elles le partage périodique des terres, le partage en lots d'égale contenance?

Si l'on consulte d'autre part ce que dit du régime des terres chez les Afghans, ces tribus aryennes de la Bactriane, le célèbre Elphinstone, on constatera la peinture fidèle d'une commune agricole tout à fait pareille à celle qui est la forme la plus répandue du communisme agraire en Russie.

La terre appartient en commun à toutes les familles d'un même «oulous», circonscription territoriale correspondant plutôt à l'idée de mark germanique qu'à celle de la commune. A des époques fixes, ici tous les trois, là tous les cinq, dix ou douze ans, a lieu un partage général des lots. La terre n'offrant pas partout la même fertilité, l'habitude de quelques «oulous» est de diviser leur terroir en deux parties égales. Le sort décide qui aura son lot assigné dans telle ou telle de ces deux parties. Au prochain terme, ceux qui possédèrent des parcelles du terrain de fertilité inférieure prendront leurs lots dans le terrain de fertilité supérieure et vice versâ. Sauf quelques détails dans la façon d'égaliser les parts, c'est exactement le même ordre de choses que celui suivi par la majorité des paysans de la grande Russie et qui représente la commune agricole arrivée à son parfait et plein développement.

Un mot encore sur Java, dont le régime agraire a été décrit par M. de Laveleye, d'après les documents officiels néerlandais. Dans les six provinces citées par l'auteur des

---

(1) Report on the Bhej Burrar tenures in Zillah Banda, by the late H. Rose, collector of Banda, p. 89. Plus d'un fait du même genre se trouve rapporté dans les quatre volumes de M. Tuper, Punjab Customary law.

«Formes primitives de la propriété», on n'a remarqué que des biens possédés en commun. Celui qui défriche un terrain vague en conserve la jouissance pendant trois ou cinq ans seulement. Après ce temps, la terre retourne à la communauté pour être soumise au partage périodique. Si un propriétaire quitte le champ qu'il a défriché, son bien revient à la commune. De même, s'il cesse de le cultiver ou s'il n'a pas d'héritiers directs. Les partages des communaux se font ordinairement tous les ans([1]). A côté de ces faits, M. de Laveleye en relate d'autres dont l'origine lui paraît plus récente. «Dans les provinces de Cheribon et de Tagal, la propriété privée existe, dit-il, à côté de la propriété commune. Les «sawahs jassas» ou terres défrichées appartiennent à celui qui les a mises en culture et elles se transmettent héréditairement aussi longtemps qu'elles continuent à être cultivées. Cependant, ajoute-t-il, la propriété commune absorbe peu à peu les propriétés privées.» N'est-ce pas exactement le même phénomène d'évolution que celui qui pousse la commune russe à remplacer le système de lots inégaux et de «purprises» individuelles par le partage périodique et en portions égales, système que M. de Laveleye a mal compris et dont le vrai caractère apparaît au grand jour, si on le compare avec les régimes agraires rapportés plus haut.

Certes, ce qui manque le moins à la théorie que je m'efforce d'établir, c'est le témoignage des faits positifs. Tant que nous ne sortons point du champ de l'observation, aussi longtemps que nous étudions des peuplades chez qui la propriété privée reste encore dans la période de formation, les témoignages abondent. Il n'en est plus ainsi du moment où il s'agit de vieilles civilisations où l'individualisme date de longtemps. Ici apparaissent les difficultés; il faut commencer une véritable enquête générale pour retrouver

([1]) De la propriété et de ses formes primitives, 1874, p. 53—55.

la trace d'institutions disparues depuis des siècles. Voilà la tâche que nous allons nous imposer sur le champ.

Les historiens qui s'occupèrent dans ces derniers temps de l'histoire de la propriété foncière en Occident, n'expriment plus de doute sur l'existence toute récente d'une communauté agraire, assez différente d'ailleurs de celle dont la Russie nous offre l'exemple vivant. Cette communauté n'aurait consisté que dans un droit d'usage, également reconnu à tous les ménages d'une même commune sur certaines forêts et certains pâturages, et dans un droit de vaine pâture sur les champs et les prés à partir de l'automne jusqu'au printemps. Quelques-uns, comme M. Fustel de Coulanges par exemple, refusent de reconnaître à ces faits un caractère de communisme. Ils leur donnent pour origine un droit pareil à celui que tout être animé a de respirer l'air, sinon d'absorber l'eau des rivières et des sources, car cette dernière peut déjà subir une appropriation tant individuelle que collective.

Sans examiner à quel point ces sortes d'analogies paraissent fondées, sans rechercher l'usage qu'on en peut faire pour savoir au juste comment les choses se passèrent à cette époque reculée, je me contenterai de noter ceci: malgré la différence des opinions, tous ceux qui traitèrent la question des origines de la propriété, s'accordent sur l'existence de certains faits ne dérivant pas nécessairement d'une propriété individuelle antérieure. Ces faits se reproduisent dans différents pays sous des appellations diverses, en France sous le nom de communaux, en Suisse sous celui d'allmenden et sous un nom en tout pareil (celui «d'allmening») en Suède et en Norwège, de Gemeinde-güter en Allemagne, de «commons» en Angleterre.

La conclusion prise ordinairement de la différence qui existe entre un tel mode de propriété et la commune agricole russe, incite à dire que ces deux régimes doivent être nécessairement de sources diverses. Elle n'a aucune valeur à mes yeux; car en observant les dernières étapes par lesquelles évolue le «mir» russe avant d'atteindre l'état de sa parfaite dissolution, on arrive à reconnaître qu'elles sont exactement pareilles aux faits que nous venons d'énoncer. Partout où l'individualisme a exigé la cessation des partages, les terres arables et les prés ont seuls passé en Russie à l'état de propriété individuelle. Les pâturages et les forêts restent dans l'indivision et servent de communaux à tous les ménages propriétaires de la même commune.

Cette objection réfutée, il s'agit maintenant de remonter le cours de l'histoire, afin de retrouver les traces de ces phases intermédiaires que la propriété collective a dû subir entre l'époque de ses origines et la période présente; celle-ci en effet ne garde d'autres traces de l'ancien communisme que les pâturages communs, «les communaux».

Au moyen âge, nous remarquons un phénomène généralement reconnu aujourd'hui: le partage du territoire appartenant au seigneur en deux parts d'inégale étendue. L'une, sous le nom de *terra dominica ou indominicata,* reste dans sa propre gestion, l'autre se répartit en lots entre les paysans cultivateurs. Ces lots portent différents noms, en France celui de «mansi», en Allemagne celui de «hufen» ou «huben», en Angleterre celui de «virgatae». Dans chaque seigneurie, le lot possède une étendue distincte et qui ne varie point. Les limites de chaque lot ne sont pas fixées. Des parcelles de terrains appartenant à des champs distincts paraissent composer le même lot. D'ailleurs point d'enclos et le droit de parcours généralement reconnu, aussi bien sur les terres labourables que sur les prés. Dans leur ensemble, tous les traits que je viens de signaler donnent l'idée d'une communauté «servile» attribuant à chaque ménage non telle ou telle parcelle distincte, mais une part aux champs communs, aux terres de labour et aux prés; ces champs restant indivis et sans clôtures. Les lots ne présentent entre eux d'autre différence que celle qui existe entre un lot entier, la moitié et le quart d'un lot, raison pour laquelle les chartes parlent souvent d'un *dimidium mansum*, halbe hufe, ou *dimidia* et même *quarta pars virgatae*. A côté des champs divisés en lots, nous retrouvons la jouissance commune des forêts et des pâturages. Les «silvae communes», les «compascua», le «comun», «comunio pasturae» etc. voilà les expressions que les chartes emploient pour indiquer le droit de chaque ménage à retirer le bois de chauffage et de construction de la forêt indivise, le droit d'y faire paître son bétail, le droit enfin de mener aux pâtis communs ses bœufs, ses vaches et ses chevaux, tout en prenant bien garde de ne point y mener d'autre bétail que celui qui a hiverné dans sa propre étable. Inutile d'insister sur le caractère éminemment communiste d'un pareil régime. On n'insiste pas sur l'évidence. Mieux vaut s'arrêter sur les particularités qui le distinguent du type le plus connu du «mir» russe. La seule différence essentielle à mon avis consiste dans le manque complet de partage périodique. La nécessité ne s'en fait point sentir, grâce à la coutume qu'ont les membres des familles villageoises de vivre dans l'indivision, grâce aussi à l'habitude d'assigner aux ménages qui désirent quitter le foyer commun de nouveaux lots dans la forêt commune, que l'on entame alors par des défrichements. Des termes, tels que celui de «mansi silvatici», lots forestiers, «bifang» «assartum», «purprestura», «assartlands», etc., termes exprimant l'action d'adjoindre à la culture ou de défricher, ne laissent à cet égard aucun doute[1].

Tout en relevant les faits que nous venons d'énumérer, les historiens les plus récents de la propriété foncière en Occident se gardent de les rattacher à cette communauté familiale primitive, dont la dissolution a valu, selon nous,

---

[1] Pour les détails, voyez Seebohm, Village communities in England, Hansen, Agrarhistorische Studien, les ouvrages si connus de Maurer et l'histoire économique de l'Allemagne par M. Lamprecht.

l'origine de la commune agricole. A les en croire, c'est à l'introduction du servage qu'il faut reporter l'établissement de cette commune: l'intérêt du seigneur le poussait à établir l'égalité des lots, vu l'égalité des redevances dont étaient surchargées les familles des vilains. Je dois avouer ne point saisir en quoi l'état d'indivision du territoire assigné à l'usage des paysans pouvait servir l'intérêt de leur seigneur. Mais n'importe, la question n'est pas là. Pour que cette théorie de la communauté agricole artificiellement établie par les seigneurs de fiefs puisse assumer quelque chance de succès, il faudrait au moins prouver que les serfs étaient seuls admis à la jouissance des terrains communaux, et que jamais, ni du temps de la féodalité, ni avant son avènement, on n'a vu un pareil régime exister dans les communes libres. C'est aussi précisément ce que tiennent à établir des écrivains tels que M. Seebohm. Nous ne parlerons pas de M. Ross, qui pousse la naïveté jusqu'à faire remonter l'origine du manoir à l'époque de Tacite et qui, pour cette raison seule, ne mériterait point la citation.

Ainsi, pour battre en brèche cette théorie qui, malgré ses origines récentes, semble avoir eu déjà l'acquiescement de beaucoup d'esprits distingués, il importe précisément de prouver l'existence de pareilles communes libres, antérieures à la féodalité ou du moins contemporaines. Or, pour quiconque veut lire les chartes sans idée préconçue, les documents à l'appui abondent. Encore est-on forcé de les recueillir, faute d'autres sources, dans les actes de donations et de ventes, dont le caractère seul éloigne toute idée de témoignage précis et détaillé sur le régime communiste. Il demeure bien entendu que dans une leçon on ne trouve pas le temps de citer même la centième partie des arguments qui serviraient à établir une thèse. On ne me demandera point par conséquent d'être complet et on voudra bien accepter les quelques faits qui vont suivre, comme les premiers qui se soient présentés à ma mémoire.

Quand on découvre dans les chartes des textes comme celui-ci: «nous habitants de tel village («villa») (suit le nom), nous tous (universi) riches, pauvres et de fortune moyenne, d'un commun accord, faisons passer à un tel la forêt que voici, où personne de nous n'a de propriété privée, mais qui appartient en commun (communiter pertinebat) à tous les habitants de notre village», tout doute doit nécessairement cesser et nous devons avouer que ces possesseurs en commun, tous habitants d'un même village, étaient des hommes libres, car autrement ils n'auraient pu se dessaisir de leur forêt par vente; ce qui, en somme, revient à dire que nous constatons une commune libre([1]). De même, quand il est question de ventes faites en commun par des hommes désignés sous le nom de «vicini» (voisins) ou «pagenses», habitants de la même circonscription, il est difficile de ne point voir en eux des hommes libres, qui se dessaisissent d'une propriété à eux commune. Et c'est expressément ce que rapportent les chartes du VIII$^{me}$ et du IX$^{me}$ siècle, qui nous viennent des bords du Rhin, de la Bavière, de la Suisse allemande et d'autres parties de l'Europe centrale. Des termes tels que «ingenui», «liberi», «allodiarii», «cives», y sont souvent employés pour désigner les personnes faisant partie de la commune, et le droit d'usage est même défini comme un droit qui doit appartenir de nécessité à un homme libre, vu la propriété qu'il possède (qualem unusquisque liber homo de sua proprietate juste et legaliter debet habere)([2]).

Si nous passons en Angleterre, nous y trouvons dans le cadastre ordonné par Guillaume le Conquérant, le Domesdaybook, de même que dans les recensements partiels qui le suivirent de près, des mentions fréquentes de «liberi socmani» et «d'allodiarii», connus au Lancashire sous le nom de «drengs». Tous ces individus d'état libre se présen-

([1]) La charte citée appartient au Rheingau. Elle est du XII$^{me}$ siècle.
([2]) Wartmann, Urkundenbuch der Abtei St. Gallen. Chartes N. 680 et 488.

tent à nous comme les possesseurs de lots d'une égale contenance, au moins pour ceux situés dans le même manoir. Ils possèdent en commun forêts et pâturages, signent ensemble des actes de vente et de donation, actes accessibles uniquement à des hommes qui s'appartiennent. En remontant à l'époque anglo-saxonne, nous découvrons la classe nombreuse des petites gens libres, les «ceorls», que les documents du temps connaissent aussi sous le nom de paysans (burs), synonyme de «bauer».

Ces ceorls sont possesseurs de lots (gyrds ou virgatae), dont chacun comprend diverses parcelles disséminées dans les différents champs d'une même commune. Le lot représente dans chaque circonscription une unité invariable et il n'est question dans les chartes que de droits d'usage appartenant à ces communautés de ceorls, droits d'usage dans les forêts, les pâturages et même les prés communs[1]. Les chartes et les vies de saints parlent souvent aussi de ventes faites par tous les habitants d'une ville, telle que Tetford (omnes urbani) ou par tous les tributaires (tributarii), c'est-à-dire contribuables d'impôts publics (signe d'état libre, les serfs ne payant point d'impôts). Ces tributarii sont représentés comme aliénant des biens possédés en commun. Il n'en faut point davantage pour conclure que la négation des communes libres se trouve en parfait désaccord avec le témoignage apporté par les documents. Ainsi, plus de doute sur l'existence dans l'Occident européen d'une commune agricole antérieure à l'époque de la féodalité et du servage, d'une commune composée d'hommes libres, ne pratiquant point le partage périodique et possédant tout de même des lots d'étendue plus ou moins égale.

Il ne nous reste donc qu'à faire ressortir la relation qui doit exister entre l'avènement d'un tel régime et la dissolution de la communauté familiale. Commençons par rappeler l'existence générale parmi les tribus germaines de

[1] Loi d'Ina, 42.

propriétés familiales, servant de fonds inaliénables aux communautés patriarcales. Ces propriétés sont connues chez les Allemands et les Bavarois sous le nom de biens appartenant aux «généalogies» (genealogiae), chez les Francs ripuaires sous celui de »terrae aviaticae», chez les Anglo-saxons sous celui d'«ethel» ou d'«alod parentum».

Même dans le cas où ces informations nous eussent manqué, le fait seul de l'existence dans le droit du moyen-âge de telles institutions, comme la préemption reconnue aux parents en cas de vente, le retrait lignager, etc. suffiraient à l'établir. Le partage de cette propriété familiale s'étant accompli en parts égales([1]), et le préciput de l'aîné et du cadet ne se rapportant qu'aux meubles, tels qu'armes, bétail, logis([2]), la dissolution de la communauté fondée sur les liens du sang amena nécessairement l'établissement d'une commune agricole.

Elle se composa de ménages distincts, dont chacun reçut une part égale dans les champs labourables et les prés, ainsi que les mêmes droits à l'usage de la forêt et des pacages communs. L'aliénation et la division des lots étant admises, on arriva à avoir des demi-lots et des quarts de lots, et à les vendre à des étrangers. Ainsi, des personnes n'ayant de commun que les rapports de voisinage, s'installèrent à côté de membres d'anciens groupes familials. Le lien du sang disparut et à sa place surgit celui de co-propriété.

L'évolution de la commune agricole ne s'arrêta point à cette phase. Dans les endroits, peu nombreux d'ailleurs, où cette commune réussit à sauvegarder son existence à travers les siècles et à parvenir jusqu'à nous, le partage périodique fut introduit, comme le seul mode de protéger

([1]) La loi du gavelkind, ou de partage en parts égales, ne garde qu'en Angleterre le caractère d'une coutume locale. Encore est-il fort douteux qu'un autre ordre de succession se soit établi avant l'époque normande.

([2]) L'habitation est dans le plus ancien droit rapportée au nombre de meubles.

l'égalité des lots. Ce fut le cas de quelques communes anglaises, où l'on dénomme encore ce partage au XVIII^me siècle «run-rig», ou «passage à la ronde».

Nous le trouvons aussi dans ces «partecipanze» de l'Italie centrale, telle que celle de Cento e Pieve, Medicina, Nonantola, San Giovanni in Persiceto, San Agatha, remontant aux XIV^me et XV^me siècles de notre ère et qui, à l'heure présente seules en Italie, nous conservent les traits d'un régime agricole on ne peut plus contraire aux traditions romaines, dont ce pays s'est toujours montré pourtant le fidèle gardien.

Nous terminerons donc cet aperçu en disant qu'il nous paraît avoir amplement démontré la théorie générale émise plus haut.

Il reste établi que la commune agricole appartient à une époque plus récente que la communauté familiale, que son origine remonte à la dissolution de cette dernière, que sa forme la plus ancienne ne suppose point l'existence d'un partage périodique et que ce dernier ne s'institua qu'avec le temps, quand s'épuisèrent les autres modes d'égaliser les lots, vu l'accroissement de la population et la disparition de terrains vagues propres aux défrichements.

Il ne nous reste plus qu'à suivre l'évolution ultérieure de cette propriété communale jusqu'au moment de sa dissolution définitive, ce qui équivaut à dire jusqu'au triomphe complet de la propriété individuelle.

(1) Des faits analogues se retrouvent aussi en Portugal, particulièrement à S:t Miguel de Entre-rios. Voyez l'ouvrage de M. Karischev, intitulé Le bail héréditaire en Europe, Moscou 1885, p. 155.

# QUATORZIÈME LEÇON.

Avant de passer en revue les causes qui ont amené la dissolution de la commune agricole, il faut nous rendre compte des avantages et des défauts d'un pareil régime.

Son plus grand avantage est certainement celui d'attacher à la terre le cultivateur par des liens presque indestructibles, car dès l'introduction du partage périodique, tout droit d'aliénation a dû nécessairement cesser, le terrain communal n'appartenant en propre à personne mais à tous, et la généralité possédant seule le droit de vente et d'achat. Un autre point, non moins essentiel, c'est le sentiment de solidarité que doit développer dans les membres de la commune le travail quotidien, accompli côte à côte, aux différentes saisons de l'année, dans les termes fixés d'avance et scrupuleusement maintenus. En effet, le grand morcellement des lots et le nombre prodigieux d'enclaves, le droit de vaine pâture et l'assolement triennal, exigent que les travaux agricoles soient exécutés par tous les ménages en même temps. De là ce que les Allemands appellent «Flurzwang», ordre obligatoire des cultures, ordre reconnu encore à l'heure qu'il est par les coutumes villageoises de la Russie, sans que la langue russe possède un terme technique pour le désigner. La solidarité mutuelle, établie par le régime de la co-propriété, s'exprime particulièrement par ceci que plus d'une commune a jugé nécessaire de réserver une certaine étendue de terrain pour la culture en commun, ce qu'on appelle chez nous «mirskia zapaschki» (champs labourés par le mir). Le travail agricole, s'opérant en commun, le produit de la récolte est seul partagé annuellement entre les ménages.

A côté de ces champs labourés par le mir, mentionnons encore le secours que les paysans se prêtent mutuellement au temps des récoltes. Ce secours, connu en Russie sous le nom de «obschestvennia pomochi», consiste dans le travail gratuit des voisins, afin de permettre à qui se trouve en retard de rentrer à temps la moisson. Le sentiment de solidarité s'affirme aussi dans les cas d'incendie, d'inondation, etc. Le soin de relever l'«izba» ou la chaumière devenue la proie des flammes ou emportée par une inondation, devient une aide portée au propriétaire malheureux par tous les habitants de sa commune.

Il en résulte que les avantages de la commune agricole sont d'un ordre social aussi bien que moral. Ces avantages se compensent par quelques vices d'un ordre purement économique. Le professeur Ivanukov, économiste distingué, dont le cours fait autorité dans nos écoles supérieures, exprime les idées reçues, quand il dit que le communisme agraire dans la forme pratiquée en Russie s'oppose à l'emploi des capitaux et généralement au progrès vers une culture plus intense. Car les parts, reconnues à tel ou tel ménage, sortent nécessairement de ses mains lors d'un nouveau partage et le paysan ne conserve par conséquent aucun intérêt à les rendre plus productives par des dépenses recouvrables à longs termes[1]. Ajoutez à cela le morcellement excessif des parts, amené par l'extrême préoccupation de l'égalité, cette préoccupation forçant la commune à tracer des lotissements non dans trois ou quatre champs distincts — minimum de ceux qui doivent exister avec l'assolement

---

[1] Voyez l'article intitulé «La propriété communale» inséré dans la Pensée russe, revue mensuelle publiée à Moscou, année 1885, N. 1.

triennal (soit qu'on garde un champ spécial pour le pacage, ou qu'on se contente de conduire les bestiaux sur le terrain en jachère) — mais à en avoir jusqu'à vingt, différant entre eux par la qualité du terrain et sa situation plus ou moins avantageuse [1].

Des lots étant fixés à chaque ménage dans chacun de ces champs, on aboutit à un tel morcellement du sol que toute culture deviendrait certainement impossible, si le mal qui en résulte ne s'atténuait à un certain degré par l'habitude de réunir en faisceau commun les lots attribués aux divers membres d'un même ménage. Les défenseurs outrés du système existant prétendent, il est vrai, que l'extrême morcellement du sol, s'ajoutant à un nombre infini d'enclaves, se retrouve aussi sous le régime de la petite propriété [2]; mais il est de toute évidence qu'elle ne l'a gardé que comme un reste regrettable de la commune agricole d'où elle est issue.

Les défauts inhérents à la propriété communale une fois signalés, on se croirait autorisé à reconnaître les causes qui valurent sa dissolution en Europe et qui vont produire le même effet en Russie. Erreur. Car la dissolution ne s'effectua point sciemment et de parti pris par des personnes qui se rendaient un compte exact des désavantages économiques provenant d'un pareil régime. Ainsi, la commune agraire en Europe s'est dissoute bien avant la tendance à une culture plus intense. Il est incontestable aussi que sa dissolution dans la Russie actuelle n'est pas suivie nécessairement de l'inauguration d'un mode vraiment rationnel d'aménagement de terres, supposant l'investissement de capitaux solides, ou l'introduction d'une culture à plusieurs

---

(1) Ce fait a été relevé par M. Orlov, l'éminent statisticien de Moscou, dont les grands travaux ont posé les fondements de la statistique provinciale.

(2) Voyez l'ouvrage de M. Posnikof, intitulé *La propriété communale*, Moscou 1885—7, surtout la seconde partie.

assolements. Il s'agit donc de chercher l'origine du mouvement qui a produit la désagrégation de la commune agricole dans des causes d'un ordre social. Il faut se demander quels intérêts devaient être le plus en souffrance sous un régime qui rendait impossible l'agglomération dans les mêmes mains de vastes étendues de terrain, et qui, à la longue, amenait même fatalement à un résultat tout contraire: l'amoindrissement des parts revenant à chaque ménage dans les champs communs; car, la population augmentant constamment et l'étendue de terrain apte à l'agriculture restant à peu près invariable, il a fallu nécessairement user du morcellement des lots à chaque nouveau partage.

L'observation des faits qui se produisent dans les campagnes de la grande Russie nous met en contact avec les facteurs les plus puissants de la dissolution communale. Il n'est plus possible de nier que les partages deviennent de moins en moins fréquents et que le cas des communistes profitant du droit accordé par la loi (¹) de retirer leurs lots de l'indivision augmente d'année en année. Cela se prouve par les chiffres suivants. La somme totale reçue par le gouvernement de la part des personnes qui, pour sortir de l'indivision, l'ont remboursé des avances faites pour le rachat de leurs terres, montait vers la fin de l'année 1881 à plus de 5 millions. Dans les cinq premières années qui ont suivi l'émancipation, le nombre de personnes qui se sont présentées pour faire un pareil rachat ne formait que la septième partie d'un pour cent; dans les lustres suivants ce nombre a progressé comme suit: de 1868 à 1872 — 10 p. %, de 1873 à 1877 — 33 $^{1}/_{2}$ p. %, de 1877 à la fin de 1881 — 55 $^{3}/_{4}$ p. %.

(¹) La loi de 1861, dite loi d'émancipation, accorde au paysan qui a restitué au gouvernement la somme avancée pour le rachat du terrain au noble, de sortir de la communauté en gardant une certaine pièce de terre que la commune est censée lui désigner. Consultez pour les détails l'excellent livre de M. Keuszler, Zur Geschichte und Kritik des bäuerlichen Gemeindebesitzes in Russland. Dritter Theil. Petersburg 1887, p. 82.

Ces chiffres ne demandent point de commentaire. On détermine moins facilement les proportions dans lesquelles s'effectue le passage de la périodicité des lots à celui de leur invariabilité; un mouvement dans ce sens se constate dans quelques localités seulement, le plus souvent dans les environs de villes ou de villages manufacturiers et commerçants, où la terre est demandée pour la construction d'usines et se vend généralement à haut prix.

On a recherché plus d'une fois pourquoi les communes renonçaient au système des partages périodiques, et on a cru ne voir dans cet abandon que l'effet d'influences illicites que l'administration provinciale s'était permises à ce sujet.

Sans nier la possibilité de pareilles influences, nous sommes loin de leur attribuer le caractère de généralité que leur donnent ordinairement les partisans trop passionnés de la commune agricole. M. Keuszler, le dernier qui étudia ces faits, me paraît bien informé lorsqu'il dit que la cause principale de la défaveur, infligée aux partages périodiques dans différentes parties de l'empire, se doit imputer au désir des familles villageoises de garder la quantité de terrain à elles affectée, tout partage nouveau, vu l'accroissement de la population, devant nécessairement amoindrir leurs parts réciqroques.

Ce qui milite en faveur d'une pareille supposition, c'est que le mouvement défavorable aux partages se produisit surtout dans les pays «du sol noir» (chernosem) c'est-à-dire là où le rendement des récoltes l'emporte sur les contributions à payer, où l'intérêt bien entendu invite par conséquent à garder le statu quo de la distribution des terres [1].

La Russie n'est pas le seul pays où se soit effectué et où s'effectue encore de la sorte le passage de la propriété communale à la propriété individuelle. L'Inde anglaise se trouve à l'heure actuelle dans le même cas. Il est vrai que la

[1] Keuszler, III. Band, p. 19—38.

dissolution de la propriété communale s'y est accomplie en grande partie, grâce à la tournure malheureuse qu'y a prise la politique agraire de ses conquérants anglais, ignorants des coutumes locales et trop portés à retrouver leur propre système de vastes manoirs et de grandes propriétés dans toutes les parties du globe. On nierait pourtant à tort que dans plus d'un endroit le partage périodique fut interrompu par les personnes mêmes qui y avaient droit et la communauté gardée uniquement quant à la jouissance des pâturages et des forêts. Les «zemindari» ou communistes devenaient de cette façon de petits propriétaires, n'ayant de commun que quelques droits spécialement réservés ([1]).

Nous connaissons trop peu l'époque où s'effectua en Occident le passage à la propriété individuelle, pour relever l'influence qu'a dû exercer sur ce fait la préoccupation des communistes voulant garder intacts les lots échus en partage. Ce qui rend d'ailleurs fort probable l'existence d'une pareille cause de dissolution, c'est la pratique constante des communes d'une époque postérieure à recourir à la cessation des partages, comme au seul mode d'empêcher l'amoindrissement des parts qui leur revenaient dans la jouissance des forêts et des pâturages. Cette tendance se manifesta surtout dans les pays où une émigration considérable amenait de temps en temps un accroissement rapide de population. Tel fut le cas de plus d'un canton suisse donnant refuge aux huguenots proscrits. Aussi voyons-nous les communes vaudoises des XVI^me^ et XVII^me^ siècles, par exemple, occupées à exclure les nouveaux venus de toute participation à la jouissance commune. Ainsi s'établit la différence entre les bourgeois ou anciens propriétaires (Bürger), et les soi-disant «advenaires», «domiciliés», «manants» (en allemand Beisaszen ou Hintersaszen) qui se retrouve

([1]) La politique agraire de l'Angleterre dans l'Inde a fait l'objet d'une de mes études spéciales, publiées sous le titre commun de «Communauté agricole». Moscou 1879 (en russe).

aussi dans plus d'une partie de l'Allemagne; et la juxtaposition de la Bürger-gemeinde, ou de la commune des copossesseurs de biens, et de la «politische Gemeinde», comptant pour membres tous les habitants domiciliés (1).

Indépendammant des causes que nous venons d'indiquer, d'autres, non moins spontanées, durent aboutir aux mêmes résultats. L'existence de la commune agricole suppose nécessairement l'inaliénabilité de la terre. Or, cette inaliénabilité contrarie les intérêts de bien des personnes: des riches paysans en premier lieu, de ces propriétaires de gros bétail, que les anciennes lois irlandaises comptent au nombre des nouveaux nobles, en leur donnant le titre distinctif de «boaire», ou, ce qui revient au même, de nobles vachers, des gens d'industrie et de commerce, qui ne demanderaient pas mieux que de quitter le lieu de leur naissance, mais qu'en empêche l'impossibilité de réaliser leurs fortunes en vendant les parts qui leur reviennent au bien commun, de la classe militaire, qui tient à arrondir ses terres et à appuyer sa prépondérance sur le régime de la grande propriété, du clergé enfin qui, désireux de vivre du produit de ses rentes, sans dépendre davantage quant aux frais de son existence de la charité décroissante des fidèles, tend à agrandir de plus en plus les biens-fonds qu'il possède.

Quelques-unes de ces causes réagissent encore aujourd'hui sur la dissolution de la propriété communale en Russie, d'autres ont joué un rôle puissant dans l'établissement de la propriété individuelle dans l'Occident européen. Ainsi les paysans, enrichis par l'élevage du bétail, sont connus dans nos campagnes sous le nom ignominieux de «mirojeds» (mangeurs de la commune), mot qui exprime on ne peut mieux le rôle qui leur incombe dans sa dissolution. Sans tendre nécessairement à un partage définitif, ils réussissent

(1) L'origine de ces distinctions a été expliquée plus au long dans mon opuscule «Die Zerstückelung der Feldgemeinschaft im Kanton Waadt.» Zürich, Caesar Schmid, 1879.

très souvent à réunir entre leurs mains un grand nombre de lots, cela grâce à la dépendance économique dans laquelle ils parviennent à placer leurs voisins, tantôt en leur avançant à gros intérêts les fonds nécessaires au payement de leurs cotisations, tantôt en leur assurant certains bénéfices à la condition de pouvoir user de leurs parts dans les champs de la commune.

La même évolution semble s'être produite dans la province du Bengale. Les collecteurs d'impôts employés par les empereurs mogols profitèrent du pouvoir conféré entre leurs mains pour placer leurs co-villageois dans une dépendance complète et s'approprier la jouissance de leurs lots. Dans la suite, les Anglais les prirent pour de «vrais landlords», et le gouverneur de la province, Lord Cornwallis, consentit à leur reconnaître des droits de propriété sur un sol qui en réalité appartenait à la commune.

Le rôle qu'assume la classe industrielle et marchande dans la dissolution de la propriété communale s'élucide de la façon la plus complète par l'histoire des villes. A l'époque de leurs origines, les villes se trouvaient, comme les villages, en possession de propriétés indivises et exploitées en commun.

L'œuvre magistrale de M. Arnold (¹) le démontre pour l'Allemagne. En Angleterre, le cadastre dressé par Guillaume le Conquérant, autrement dit le Domesdaybook, mentionne plus d'une fois des prés communs soumis au partage périodique et des pâturages auxquels les possesseurs de biens situés dans l'enceinte de la ville et de son district ont droit de prétendre. Or, c'est précisément dans les villes que cette propriété communale arrive à disparaître le plus tôt, c'est là que les siècles amènent surtout le procès d'individualisation, les campagnes environnantes ne faisant que suivre en cela l'exemple offert par les cités, et le principe

(¹) Geschichte des Eigenthums in den deutschen Städten.

communiste s'affermissant au fur et à mesure de l'éloignement de ces foyers de commerce et d'industrie. La même tendance se reproduit après des siècles dans la Russie actuelle, l'usage commun disparaissant non seulement sur les terres affectées aux villes, mais aussi dans la campagne environnante. Ainsi dans les environs de Pétersbourg et de Moscou, aussi bien que de beaucoup de villes moins importantes, telles que Voroneg, les partages périodiques cessent d'exister. Ce qui naguère encore formait le lot inaliénable de telle ou telle personne se vend à des étrangers, afin que l'ancien communiste puisse acquérir par là la pleine liberté de ses actes, rester sur place ou émigrer à loisir (¹).

Nous ne croyons pas trop dire, en prétendant que les causes que nous venons d'énumérer ont contribué et contribuent encore à produire la dissolution de la commune agricole d'une façon autrement puissante que ces considérations économiques tant vantées sur l'inaptitude du régime communiste à se plier aux exigences d'une culture plus intense. La conclusion générale qui en dérive est que la commune agricole ne cesse d'exister que du moment où elle devient contraire aux intérêts bien entendus des classes puissantes, peu à peu organisées dans son sein. Mais leur antagonisme, si puissant qu'il soit, n'égale pas en force et en vigueur celui qu'elle rencontre chez les classes dirigeantes de la société: noblesse, clergé et tiers état.

Ce dernier côté de la question mérite surtout notre attention. Nous devons l'étudier dans tous les développements qu'il comporte. Or, cela ne se peut dans cette leçon. Nous nous voyons par conséquent forcé de remettre à une prochaine réunion ce qu'il nous reste encore à dire sur la dissolution progressive et imminente de la communauté agraire.

(¹) Voyez Keussler, III B. p. 74.

# QUINZIÈME LEÇON.

Pour définir le rôle joué par le clergé et la noblesse dans l'histoire de la propriété communale, c'est l'histoire même de ces classes qu'il s'agirait d'entreprendre. On verrait alors qu'en dehors de toute influence, tant germaine que romaine, la propriété au sortir de la phase patriarcale a dû nécessairement prendre le caractère de vastes agglomérations territoriales, connues en Occident sous le nom de «fiefs» et se retrouvant sous d'autres noms tant dans la partie orientale de l'Europe que dans le monde musulman. Car il n'y a plus matière au doute, la féodalité n'est pas une institution éminemment occidentale et ses éléments constitutifs se retrouvent sous tous les climats, parmi les peuples les plus divers. A une époque, où l'on ne pouvait conquérir la paix qu'à main armée, où il n'y avait de sécurité que pour le plus fort, le besoin de protection et de sauvegarde portait le paysan agriculteur à chercher l'appui de son voisin plus puissant, et cela même à condition de lui céder la nue propriété de son patrimoine, sauf à garder le droit de le cultiver en qualité de tenancier à vie ou héréditaire. Le manque de capital, tel que bêtes de labour, souvent aussi de moyens d'existence et de vêtements, pouvait motiver la même détermination. On ne s'étonnera donc point si les contrats dits de commendation, contrats qui jouèrent un rôle si important dans l'évolution de la féodalité au milieu du monde romano-germain, étaient non moins fréquents parmi les Celtes de l'Irlande, les Slaves de la Russie, et les populations si variées des états mahométans, tels que la Perse, l'empire du grand Mogol, etc. Tantôt nous voyons un riche propriétaire fournir à son voisin pauvre les animaux de somme, à condition qu'il deviendra dorénavant son serviteur et ne gardera la possession de ses biens qu'à titre de personne dépendante ou tributaire; tantôt le paysan remet librement ses biens soit à un monastère, soit à un chef militaire ou civil, soit encore à un simple propriétaire plus riche et plus puissant que lui-même; il renonce à ses droits de propriété et à son privilège de colon libre, et tout cela parce que, comme disent les documents de l'époque, «il n'a de quoi se nourrir et s'habiller» ou encore «est maltraité par les gens de guerre et les employés de l'impôt». Le premier procédé paraît avoir été le plus fréquent parmi les populations celtiques et slaves, le «fuidhir» irlandais et le «bailleur à cheptel» breton répondant en tout au «roleini zakoup» de la Prawda de Jaroslav, loi barbare des Russes.

Le second semble plus particulier à l'Europe occidentale, où il fut encouragé par la législation des rois anglo-saxons et des empereurs carlovingiens, demandant à chacun de se choisir un protecteur, responsable de ses infractions à la loi, de ses crimes mêmes [1].

Dans ses formes les plus variées, la commendation se retrouve dans les pays de l'Orient et spécialement dans le monde musulman. Le terme propre dans toute la vaste étendue de terres jadis occupées par l'empire du grand Mogol est celui d'«ikbaldawa». Les «wakoufs» et les «habous», titres qui désignent en Asie et en Afrique les biens inaliénables, attachés aux mosquées, proviennent principalement

---

[1] L'obligation d'avoir un protecteur remonte en Angleterre à l'époque du roi Alfred et même au delà. Sur le continent, elle ne fut introduite qu'à partir de l'année 847.

du zèle des croyants, cédant aux églises la propriété de leurs terrains et consentant à devenir, de libres qu'ils étaient auparavant, des colons héréditaires payant tribut annuel.

Les grandes agglomérations féodales ne se forment pas seulement de la façon que nous venons d'indiquer, mais aussi par la voie de donations, octroyées par les rois et les empereurs, en rémunération de services militaires ou dans l'espérance d'atteindre par là la béatitude éternelle. Disposant souvent de ce qui ne leur appartenait à aucun titre, les chefs du pouvoir séculier cédaient d'abord en bénéfice, c'est-à-dire à titre viager, et puis en pleine propriété, champs et vignes, pâturages et forêts, depuis longtemps en possession de colons libres, qui tout en gardant la jouissance de leurs terres, devenaient ainsi les tenanciers héréditaires des personnes gratifiées de ces donations.

On a prétendu que le bénéfice et son évolution lente en fief héréditaire était un phénomène particulier au monde romano-germain; rien de plus faux. Sous le nom de «pomestie» ou terre attachée au service, nous le retrouvons en Russie, où il ne se confond avec la pleine propriété, ou «votchina» qu'à une époque voisine de celle de Pierre le Grand.

Le rôle important du bénéfice dans l'Orient musulman, sous le nom d'«iktaa», ne reste ignoré de quiconque a lu la description classique du royaume de Perse par Chardin. Le voyageur français, révélant le caractère viager que portaient à l'origine ces sortes de donations, laisse entendre que de son temps elles étaient devenues héréditaires. Les Perses les appelaient du nom de «tyoul», ce qui signifie éternel, et reconnaissaient à leurs titulaires le droit d'exiger de la part des cultivateurs un tribut héréditaire et des services en nature, plus ou moins réglés par la coutume. Les «iktaa» ou bénéfices forment une institution tellement générale au monde islamique, qu'on nommerait difficilement un état mahométan qui en fût exempt. Les grands Mogols en récompensaient les services rendus par les chefs militaires (les djagirs) et les employés civils (talukdars). Les vastes propriétés découvertes par les Anglais dans l'Inde, ce pays de communautés agricoles, s'expliquent en grande partie par l'usage que faisaient des terres occupées et sauvages les prédécesseurs directs de la puissance britannique. Lors de l'occupation anglaise de l'Inde, ces bénéfices avaient déjà passé, comme en Perse, à l'état de propriétés héréditaires et ceux qui en étaient investis apparaissaient avec tous les caractères de seigneurs féodaux.

Le bénéfice et le fief, qui en dérive, devinrent rapidement des institutions très répandues, car, à une époque où l'argent manquait, la terre présentait le seul moyen de rétribution. Aussi l'idée de la voir attachée au service se retrouve-t-elle tant en Occident qu'en Orient, où les princes moscovites, entre autres, nous sont représentés par les annalistes comme possédés d'une seule et même pensée, celle de garder la terre pour le service.

A eux deux, la commendation et le bénéfice durent nécessairement susciter la création de la grande propriété aux mains des seigneurs ecclésiastiques et séculiers. Des documents multiples nous attestent son existence en France, en Angleterre et en Allemagne déjà au commencement des Xme et XIme siècles de notre ère. Bien avant cette époque, le précaire et l'emphytéose, remplissant dans l'Empire-romain le rôle qui dans le monde germanique échut en partage à la commendation, créèrent ces «latifundia» que Pline considère comme une des origines du déclin où s'affaissait de son vivant l'Italie. Dans les principautés russes et surtout en Moscovie, la grande propriété des églises et des monastères, comme aussi celle des «boyars», ne se constitue que des siècles après son avènement en Europe. En Perse et dans l'empire Mogol, nous la voyons en plein procès de formation déjà à l'époque d'Akbar, contemporain de Charlemagne.

Une fois constituée, elle a pris partout ses mesures pour ne point disparaître ou diminuer. Les biens ecclésiastiques ont été déclarés inaliénables. Les majorats et les substitutions sont venus remplir le même office vis-à-vis de la grande propriété séculière. Les données statistiques que nous possédons sur l'extension de la grande propriété dans l'antiquité et le moyen âge restent malheureusement fort incomplètes. Relevons pourtant ce fait, si souvent cité, que toute la province de l'Afrique à la fin de l'Empire ne se trouvait posséder qu'une couple de propriétaires; et encore cet autre fait que les biens monastiques à l'époque de leur sécularisation en Angleterre ne représentaient pas moins du tiers des terrains adonnés à la culture, qu'ils dominaient de même en France avant la révolution et que la formule: «nulle terre sans seigneur» représentait non moins bien l'état de la propriété séculière au nord de la Loire qu'en Angleterre, où l'alleu, la petite propriété libre, avait complètement disparu depuis la conquête normande et où les «yeomen» du XVme et du XVIme siècle ne représentaient que la classe, à chaque génération plus insignifiante, d'anciens tenanciers héréditaires devenus fermiers libres. Quant à la Russie, des historiens, tels que Milutine et Gorchakov, sont unanimes à reconnaître qu'une bonne moitié des terres se trouvait entre les mains du clergé à l'époque où la sécularisation des biens monastiques fut la première fois mise à l'ordre du jour, c'est-à-dire sous Jean le terrible, l'autre moitié, se trouvant à commencer de l'établissement définitif du servage, distribuée entre d'anciennes familles boyares et la classe plus récente de ministériels, devenus avec le temps nobles et connus sous le nom de «dvoriane».

La grande propriété une fois constituée, la commune agricole de libre qu'elle était à ses origines devint servile. Cette transformation n'affecta directement ni le mode de culture, ni la façon de posséder les terres en commun, le seigneur ne retenant qu'une faible partie du sol et laissant le reste aux mains des anciens cultivateurs, devenus désormais ses tenanciers héréditaires.

Ainsi, en Angleterre, les «communautés villageoises» ou «village communities» furent maintenues pendant tout le moyen âge, de même que le système de parts égales (virgates), attachées à chaque ménage paysan dans chacun des champs cultivables. Ainsi, en France et en Allemagne, les communes, tout en passant au régime de la séparation quant aux terres arables et aux prés, conservèrent l'usage de forêts communes et de pâturages communs, connus ici sous le nom de communaux, là d'«allmenden» ou de «gemeinberechtigkeiten». Seulement cet usage, non plus libre comme dans le temps, fut assujetti à des payements fixes et annuels au profit du seigneur. Ainsi encore, en Russie, malgré l'établissement complet du servage sous les derniers représentants de la dynastie de Rurik, les paysans gardèrent les partages périodiques et le système de rotation des lots, de même que le droit de vaine pâture et l'usage des forêts et des pâquis communs.

Que les serfs gardèrent certains droits sur les terres du fut, cela se prouve d'une façon palpable par ceci, que lors de l'érection des clôtures et de l'exemption des terres seigneuriales du régime de l'indivision, l'État jugea nécessaire d'imposer aux feudataires l'obligation de laisser aux mains des paysans une part distincte des forêts communes et des pâturages communs.

Le partage prit ainsi la forme du «triage», en ce sens que les paysans conservèrent pour eux la jouissance exclusive tantôt de deux, tantôt d'un tiers de ce qui avait jadis été leur bien commun avec le seigneur.

Les développements que nous avons estimé nécessaire de donner sur l'époque féodale de la propriété foncière, nous permettent d'établir la thèse que voici: En opposition directe avec ce qui a été plus d'une fois dit à ce sujet, la féodalité n'a pas eu pour suite la dissolution de la commune agricole, mais uniquement le changement de son caractère, qui de «franc» ou libre qu'il était à l'origine devint servile. Le paysan garda l'usage de ses terres, resta communiste comme à l'époque précédente, mais son statut personnel fut complètement changé et ses droits coutumiers durent se plier aux exigences de service et de payements imposées de la part de son seigneur.

Bien plus révolutionnaire que la noblesse et le clergé, le tiers état bouleversa l'histoire de la propriété communale, lors de son avènement au pouvoir.

Trouvant la terre occupée tant par le seigneur que par le serf communiste, il ne voulut point se plier aux exigences d'un ordre de choses depuis longtemps établi et entra en guerre ouverte avec ces restes d'un passé d'autant plus odieux à ses yeux, qu'ils lui rendaient impossible l'exploitation économique et savante des forces productives du sol. Inaliénabilité des domaines ecclésiastiques, droit exclusif des nobles à la possession des terres occupées par les serfs, défense de partager les terrains communaux et de vendre les lots qui en dépendent: il fit table rase de tout. Substitutions et majorats cessèrent d'exister et l'on permit au paysan de sortir par le partage de l'indivision où il vivait, — toujours afin de rendre la terre un objet marchandable et comme tel capable d'être approprié par la classe nouvelle qui se formait.

Pensant que ces mesures ne servaient pas assez le but proposé, le tiers état alla plus loin; il agita ouvertement à partir du XIV$^{me}$ siècle la question de savoir si la terre devait rester affectée à un service qui par essence ne tenait en rien au monde, et si l'on ne ferait pas mieux par conséquent de la retirer aux ecclésiastiques et spécialement aux moines. La sécularisation des terres monastiques s'opéra en conséquence d'abord en Angleterre et en Allemagne durant les XVI$^{me}$ et XVII$^{me}$ siècles, puis en France à l'époque de la révolution. Quant à la Russie, elle n'y devint un fait accompli que fort récemment, toujours sous l'influence du flot révolutionnaire parti de France.

Les mêmes siècles assistèrent aussi à un changement non moins considérable, apporté dans les relations de la terre et de son cultivateur séculaire, le paysan. Le fermier libre, possesseur de capitaux, vint remplacer le tenancier héréditaire, qui à son tour alla grossir dans les villes le nombre des manœuvres et des prolétaires. Mais pour atteindre ce résultat, il fallut introduire le principe nouveau du partage licite des biens communaux, biens jusqu'alors reconnus inaliénables et qui ne pouvaient devenir objets de libre échange qu'à cette condition seulement. Pour défendre un pareil système, les économistes des deux derniers siècles suggérèrent l'idée que la terre ne pouvait se cultiver d'une façon vraiment intense qu'à condition d'assurer au cultivateur le plein produit du capital qu'il y engageait. Cela ne pouvant s'exécuter aussi longtemps que durait le partage périodique et le régime de l'indivision, le législateur devait prendre sur lui l'initiative de l'abolition d'un pareil système. Ce conseil ne fut que trop suivi et les divers Etats des siècles passés et présent rivalisèrent de zèle en introduisant chez eux la liberté des partages. Presque notre contemporaine dans la plupart des États de l'Europe, cette évolution remonte en Angleterre à plusieurs siècles et cela, grâce à l'importance acquise, dès la fin du moyen âge, par l'élevage des troupeaux et l'industrie de la laine. Celle-ci gagnant le terrain sur l'agriculture, les capitaux des villes furent attirés à la campagne, le tiers état y apparut, il chassa le villageois de ce qui avait été jusque-là sa place forte, le contraignit aussi en partie à lui servir de manœuvre, devint le »middleman» que nous connaissons, le fermier à terme fixe. Les champs communs, jadis ouverts à la jouissance de tous les membres d'une même agglomération villageoise, furent enclos et pour nous servir d'une expression courante dans les écrits anglais du XVI$^{me}$ siècle, le pâtre et son troupeau vinrent prendre la place jadis occupée par des centaines de ménages.

A la distance de quelques siècles, le même fait tend à se produire en France, en Allemagne et en Russie, ici retardé par la confiscation des biens d'émigrés, tant nobles qu'ecclésiastiques, et la façon démocratique de disposer de ces biens en les vendant par petits lots, là, plus ou moins prévenu par l'introduction d'un crédit facile à la classe nobiliaire ou villageoise. Tous ces moyens d'un caractère palliatif n'empêchent pas le marchand des villes et le paysan enrichi (le »koulak» russe) d'accaparer, tous les jours davantage, les biens d'une noblesse en ruine et de paysans réduits à l'indigence par le fardeau des impôts fonciers. Cela est surtout le cas en Russie, tandis qu'en Allemagne et particulièrement en Prusse, le système protecteur suivi par le gouvernement vis-à-vis des propriétaires fonciers, prévient pour le moment la perte de la terre pour les cultivateurs, nobles et roturiers.

Ainsi, tantôt directement encouragée par l'Etat désireux de rendre plus intense la façon d'aménager le terrain, tantôt en partie prévenue et empêchée par des considérations de bien commun et d'intérêt de classe, la dissolution de la propriété communale s'est accomplie et s'effectue encore de nos jours, et ce régime, vieux de plusieurs siècles, qui a eu ses heures de grandeur, tombe à vue d'œil, cédant le pas à la propriété individuelle.

Avec son triomphe définitif s'arrête la tâche que nous nous sommes proposée. Nous ne chercherons plus par conséquent quelles vicissitudes transforment cette propriété individuelle, comment elle a lutté et lutte encore contre diverses entraves apportées à son libre exercice par les restes de l'ancien régime, tels que défense de léguer à un étranger un bien soit paternel, soit maternel, droit de parents même éloignés au rachat d'un pareil bien — privilèges encore reconnus en Russie au profit de la classe nobiliaire, majorats et substitutions dont l'Angleterre nous donne un exemple, et autres absurdités du moyen âge qui en tant que contraires à l'esprit du siècle, au sentiment d'égalité et au principe du libre échange, finiront par disparaître.

Avant de terminer mon cours, permettez-moi cependant, Messieurs, d'effleurer encore un sujet, fort débattu de nos jours, au milieu même de cette académie, par conséquent plein d'actualité. Il n'est autre que celui de l'ingérence de l'Etat dans le domaine de la propriété.

De ce que les entraves apportées à la libre disposition des biens et remontant au passé seront abolies, s'en suit-il que la propriété privée ne doive dorénavant souffrir aucune restriction et qu'il faille reconnaître au propriétaire le droit illimité d'user et d'abuser de son bien? L'enseignement qu'on retire de l'histoire diffère de cette opinion. A tous les temps, le régime de la propriété a subi certaines règles. Ces règles furent inspirées tantôt par l'intérêt des familles, tantôt par celui des communes, ou bien encore par celui des classes. L'individu a été constamment surveillé dans l'usage de sa fortune, d'abord par la communauté familiale, puis par la généralité de ses voisins, communistes comme lui, enfin par les hommes de sa classe ou de son état. Si les intérêts de l'individu entraient en lice avec ceux du groupe dont il dépendait, ils étaient d'avance sacrifiés.

En adviendrait-il autrement à l'heure actuelle et l'État, qui sous bien des rapports a pris la place laissée vacante par la disparition de la communauté familiale, de la commune agricole et des classes héréditaires distinctes, n'aurait-il point le droit d'élever sa voix et de dire au propriétaire: «tu n'iras pas au delà dans la jouissance de ce qui constitue ton bien, tu n'en abuseras pas vis-à-vis de ton prochain.

La terre appartient à tous: sans elle point de foyer, point d'existence non plus. Elle est la grande nourricière, la mère commune, vénérée à tous les âges. Mais alors, tout propriétaire que tu sois, tu ne vis point pour la soustraire à ton semblable. Si tu persistes dans ton intention malfaisante et insensée, je possède assez de force et de volonté pour t'en empêcher.»

Je pense que le droit d'ingérence et de contrôle doit être reconnu à l'État et les législations modernes paraissent me donner raison par le fréquent usage qu'elles en laissent faire. Si l'on peut empêcher l'individu à l'heure présente d'abattre son bois ou de verser les immondices dans la rivière qui arrose ses champs, si de par la loi on peut même exproprier son habitation pour rendre possible le tracé d'une rue ou la construction d'un canal ou d'un chemin de fer, je ne vois pas pourquoi l'État ne ferait pas un plus vaste usage de ses droits de tuteur dans l'intérêt de toute la classe des cultivateurs et des ouvriers? Il le fait d'ailleurs en partie. Ainsi, l'émancipation des paysans russes serait devenue impossible si, cédant aux instances d'hommes comme Nicolas Milutine, le législateur n'avait accepté le principe du rachat forcé des terres à leurs propriétaires nobles. Or, ce qu'un Etat, si imbu de préjugés nobiliaires et si peu ouvert aux idées libérales peut admettre, pourquoi ne l'admettraient pas des pays où l'opinion publique reste toute puissante et la pensée humaine garde un libre élan, où «le plus grand bien du plus grand nombre», d'après la formule de Saint-Simon, demeure le souci constant du législateur, et où la philanthropie devient une mode ou une maladie.

Je crois donc que l'ingérence de l'État dans la disposition de la propriété ne fera que se développer de jour en jour. Je nous vois entrant dans une période de vastes réformes sociales, qui ne paraîtront des surprises qu'à ceux incapables de découvrir dans le passé et le présent des données pour l'avenir. Douter de la possibilité de pareilles réformes, ne serait-ce pas nier la perfectibilité humaine, renoncer à la foi au progrès, la seule croyance qui nous reste de toutes celles que nous avons eues?

www.ingramcontent.com/pod-product-compliance
Ingram Content Group UK Ltd.
Pitfield, Milton Keynes, MK11 3LW, UK
UKHW012212240726
13966UKWH00002B/713